아이가 주인공인 책

아이는 스스로 생각하고 매일 성장합니다.
부모가 아이를 존중하고 그 가능성을 믿을 때
새로운 문제들을 스스로 해결해 나갈 수 있습니다.

<기적의 학습서>는 아이가 주인공인 책입니다.
탄탄한 실력을 만드는 체계적인 학습법으로
아이의 공부 자신감을 높여 줍니다.

아이의 가능성과 꿈을 응원해 주세요.
아이가 주인공인 분위기를 만들어 주고,
작은 노력과 땀방울에 큰 박수를 보내 주세요.
<기적의 학습서>가 자녀 교육에 힘이 되겠습니다.

기적의 계산법 응용 up

초등 5학년 9권

기적의 계산법 응용UP · 9권

초판 발행 2021년 1월 15일
초판 8쇄 발행 2024년 4월 25일

지은이 기적학습연구소
발행인 이종원
발행처 길벗스쿨
출판사 등록일 2006년 7월 1일
주소 서울시 마포구 월드컵로 10길 56(서교동)
대표 전화 02)332-0931 | **팩스** 02)333-5409
홈페이지 school.gilbut.co.kr | **이메일** gilbut@gilbut.co.kr

기획 김미숙(winnerms@gilbut.co.kr) | **책임편집** 이지훈
제작 이준호, 손일순, 이진혁 | **영업마케팅** 문세연, 박선경, 박다슬 | **웹마케팅** 박달님, 이재윤, 이지수, 나혜연
영업관리 김명자, 정경화 | **독자지원** 윤정아
디자인 정보라 | **표지 일러스트** 김다예 | **본문 일러스트** 류은형
전산편집 글사랑 | **CTP 출력·인쇄·제본** 벽호

ISBN 979-11-6406-303-1 64410
(길벗스쿨 도서번호 10730)

정가 9,000원

....

독자의 1초를 아껴주는 정성 길벗출판사

길벗스쿨 | 국어학습서, 수학학습서, 유아콘텐츠유닛, 주니어어학, 어린이교양, 교과서, 길벗스쿨콘텐츠유닛
길벗 | IT실용서, IT/일반 수험서, IT전문서, 경제실용서, 취미실용서, 건강실용서, 자녀교육서
더퀘스트 | 인문교양서, 비즈니스서

기적학습연구소 **수학연구원 엄마**의 **고군분투서!**

저는 게임과 유튜브에 빠져 공부에는 무념무상인 아들을 둔 엄마입니다.

오늘도 아들이 조금 눈치를 보는가 싶더니 '잠깐만, 조금만'을 일삼으며 공부를 내일로 또 미루네요.

'그래, 공부보다는 건강이지.' 스스로 마음을 다잡다가도 고학년인데 여전히 공부에

관심이 없는 녀석의 모습을 보고 있자니 저도 모르게 한숨이…….

5학년이 된 아들이 일주일에 한두 번씩 하교 시간이 많이 늘어져서 하루는 앉혀 놓고 물어봤습니다.

수업이 끝나고 몇몇 아이들은 남아서 틀린 수학 문제를 다 풀어야만 집에 갈 수 있다고 하더군요.

맙소사, 엄마가 회사에서 수학 교재를 십수 년째 만들고 있는데, 아들이 수학 나머지 공부라니요? 정신이 번쩍 들었습니다.

저학년 때는 어쩌다 반타작하는 날이 있긴 했지만 곧잘 100점도 맞아 오고 해서 '그래, 머리가 나쁜 건 아니야.' 하고 위안을 삼으며

'아직 저학년이잖아. 차차 나아지겠지.'라는 생각에 공부를 강요하지 않았습니다.

그런데 아이는 어느새 훌쩍 자라 여느 아이들처럼 수학 좌절감을 맛보기 시작하는 5학년이 되어 있었습니다.

학원에 보낼까 고민도 했지만, 그래도 엄마가 수학 전문가인데… 영어면 모를까 내 아이 수학 공부는 엄마표로 책임져 보기로 했습니다.

아이도 나머지 공부가 은근 자존심 상했는지 엄마의 제안을 순순히 받아들이더군요. 매일 계산법 1장, 문장제 1장, 초등수학 1장씩 수

학 공부를 시작했습니다. 하지만 기초도 부실하고 학습 습관도 안 잡힌 녀석이 갑자기 하루 3장씩이나 풀다보니 힘에 부쳤겠지요.

호기롭게 시작한 수학 홈스터디는 공부량을 줄이려는 아들과의 전쟁으로 변질되어 갔습니다. 어떤 날은 애교와 엄살로 3장이 2장이 되고,

어떤 날은 울음과 샤우팅으로 3장이 아예 없던 일이 되어버리는 등 괴로움의 연속이었죠. 문제지 한 장과 게임 한 판의 딜이 오가는 일

도 비일비재했습니다. 곧 중학생이 될 텐데… 엄마만 조급하고 녀석은 점점 잔꾀만 늘어가더라고요. 안 하느니만 못한 수학 공부 시간

을 보내며 더이상 이대로는 안 되겠다 싶은 생각이 들었습니다. 이 전쟁을 끝낼 묘안이 절실했습니다.

우선 아이의 공부력에 비해 너무 과한 욕심을 부리지 않기로 했습니다. 매일 퇴근길에 계산법 한쪽과 문장제 한쪽으로 구성된 아이만의

맞춤형 수학 문제지를 한 장씩 만들어 갔지요. 그리고 아이와 함께 풀기 시작했습니다. 앞장에서 꼭 필요한 연산을 익히고, 뒷장에서

연산을 적용한 문장제나 응용문제를 풀게 했더니 응용문제도 연산의 연장으로 받아들이면서 어렵지 않게 접근했습니다. 아이 또한 확

줄어든 학습량에 아주 만족해하더군요. 물론 평화가 바로 찾아온 것은 아니었지만, 결과는 성공적이었다고 자부합니다.

이 경험은 <기적의 계산법 응용UP>을 기획하고 구현하게 된 시발점이 되었답니다.

1. 학습 부담을 줄일 것! 딱 한 장에 앞 연산, 뒤 응용으로 수학 핵심만 공부하게 하자.

2. 문장제와 응용은 꼭 알아야 하는 학교 수학 난이도만큼! 성취감, 수학자신감을 느끼게 하자.

3. 욕심을 버리고, 매일 딱 한 장만! 짧고 굵게 공부하는 습관을 만들어 주자.

이 책은 위 세 가지 덕목을 갖추기 위해 무던히 애쓴 교재입니다.

<기적의 계산법 응용UP>이 저와 같은 고민으로 괴로워하는 엄마들과 언젠가는 공부하는 재미에

푹 빠지게 될 아이들에게 울트라 종합비타민 같은 선물이 되길 진심으로 바랍니다.

길벗스쿨 기적학습연구소에서

매일 한 장으로 완성하는 응용UP 학습설계

Step 1
핵심개념 이해

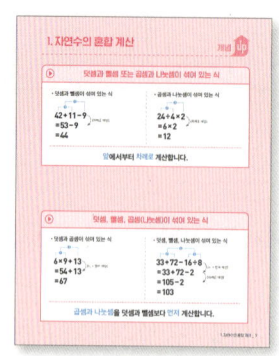
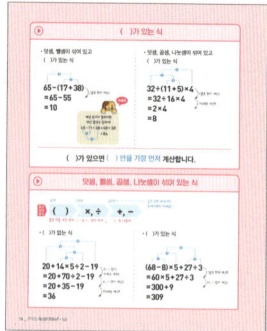

▶ 단원별 핵심 내용을 시각화하여 정리하였습니다. 연산방법, 개념 등을 정확하게 이해한 다음, 사진을 찍듯 머릿속에 담아 두세요. 개념정리만 묶어 나만의 수학개념모음집을 만들어도 좋습니다.

Step 2
연산+응용 균형학습

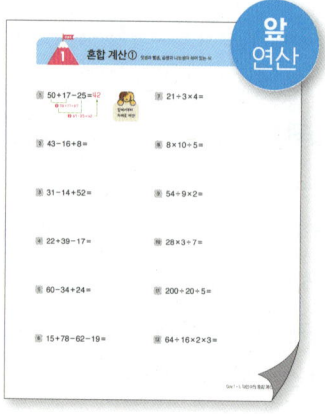

뒤집으면

▶ 앞 연산, 뒤 응용으로 구성되어 있어 매일 한 장 학습으로 연산훈련 뿐만 아니라 연산적용 응용문제까지 한번에 학습할 수 있습니다. 매일 한 장씩 뜯어서 균형잡힌 연산 훈련을 해 보세요.

Step 3
평가로 실력점검

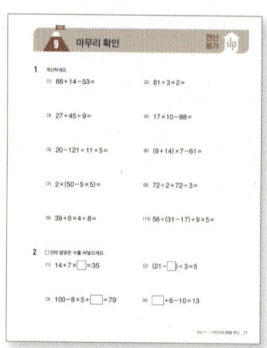
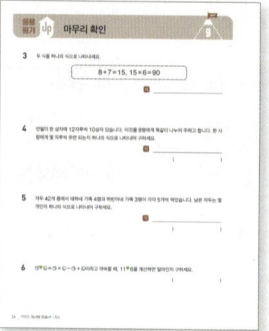

▶ 점수도 중요하지만, 얼마나 이해하고 있는지를 아는 것이 더 중요합니다. 배운 내용을 꼼꼼하게 확인하고, 틀린 문제는 앞으로 돌아가 한번 더 연습하세요.

▶ 매일 연산+응용으로 균형 있게 훈련합니다.

매일 하는 수학 공부, 연산만 편식하고 있지 않나요?
수학에서 연산은 에너지를 내는 탄수화물과 같지만,
그렇다고 밥만 먹으면 영양 불균형을 초래합니다.
튼튼한 근육을 만드는 단백질도 꼭꼭 챙겨 먹어야지요.
기적의 계산법 응용UP은 매일 한 장 학습으로
계산력과 응용력을 동시에 훈련할 수 있도록 만들었습니다.
앞에서 연산 반복훈련으로 속도와 정확성을 높이고,
뒤에서 바로 연산을 활용한 응용 문제를 해결하면서
문제이해력과 연산적용력을 키울 수 있습니다.
균형잡힌 연산 + 응용으로 수학기본기를 빈틈없이 쌓아 나갑니다.

▶ 다양한 응용 유형으로 폭넓게 학습합니다.

반복연습이 중요한 연산, 유형연습이 중요한 응용!
문장제형, 응용계산형, 빈칸추론형, 논리사고형 등 다양한 유형의 응용 문제에 연산을 적용해 보면서
연산에 대한 수학적 시야를 넓히고, 튼튼한 수학기초를 다질 수 있습니다.

| 문장제형 |

| 응용계산형 |

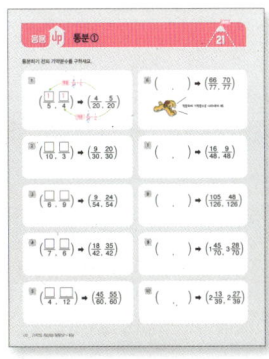
| 빈칸추론형 |

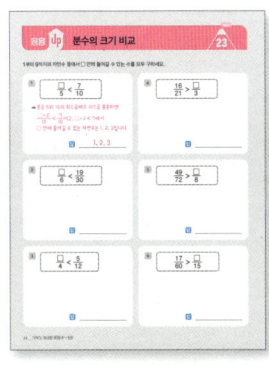
| 논리사고형 |

▶ 뜯기 한 장으로 언제, 어디서든 공부할 수 있습니다.

한 장씩 뜯어서 사용할 수 있도록 칼선 처리가 되어 있어
언제 어디서든 필요한 만큼 쉽게 공부할 수 있습니다.
매일 한 장씩 꾸준히 풀면서 공부 습관을 길러 봅니다.

차 례

01

자연수의 혼합 계산

· 학습계열표 ·

이전에 배운 내용

3-1 덧셈과 뺄셈
• (세 자리 수)+(세 자리 수)
• (세 자리 수)−(세 자리 수)

4-1 곱셈과 나눗셈
• (세 자리 수)×(두 자리 수)
• (세 자리 수)÷(두 자리 수)

▼

지금 배울 내용

5-1 자연수의 혼합 계산
• 덧셈, 뺄셈, 곱셈, 나눗셈의 혼합 계산

▼

앞으로 배울 내용

중학교 정수와 유리수
• 정수와 유리수의 덧셈, 뺄셈, 곱셈, 나눗셈

· 학습기록표 ·

학습 일차	학습 내용	날짜	맞은 개수	
			연산	응용
DAY 1	**혼합 계산①** 덧셈과 뺄셈, 곱셈과 나눗셈이 섞여 있는 식	/	/12	/4
DAY 2	**혼합 계산②** 덧셈과 곱셈(나눗셈), 뺄셈과 곱셈(나눗셈)이 섞여 있는 식	/	/12	/4
DAY 3	**혼합 계산③** (　)가 있는 식	/	/12	/8
DAY 4	**혼합 계산④** 덧셈, 뺄셈, 곱셈(나눗셈)이 섞여 있는 식	/	/12	/4
DAY 5	**혼합 계산⑤** 계산 순서	/	/12	/5
DAY 6	**혼합 계산⑥** 덧셈, 뺄셈, 곱셈, 나눗셈이 섞여 있는 식	/	/11	/4
DAY 7	**식 완성하기①** □가 있는 식	/	/8	/6
DAY 8	**식 완성하기②** (　)로 묶기	/	/10	/10
DAY 9	**마무리 확인**	/		/18

책상에 붙여 놓고
매일매일 기록해요.

1. 자연수의 혼합 계산

▶ 덧셈과 뺄셈 또는 곱셈과 나눗셈이 섞여 있는 식

• 덧셈과 뺄셈이 섞여 있는 식

$$42 + 11 - 9$$
$$= 53 - 9$$
$$= 44$$

[차례로 계산]

• 곱셈과 나눗셈이 섞여 있는 식

$$24 \div 4 \times 2$$
$$= 6 \times 2$$
$$= 12$$

[차례로 계산]

앞에서부터 **차례로** 계산합니다.

▶ 덧셈, 뺄셈, 곱셈(나눗셈)이 섞여 있는 식

• 덧셈과 곱셈이 섞여 있는 식

$$6 \times 9 + 13$$
$$= 54 + 13$$
$$= 67$$

[×, ÷ 먼저 계산]

• 덧셈, 뺄셈, 나눗셈이 섞여 있는 식

$$33 + 72 - 16 \div 8$$
$$= 33 + 72 - 2$$
$$= 105 - 2$$
$$= 103$$

[×, ÷ 먼저 계산]

[차례로 계산]

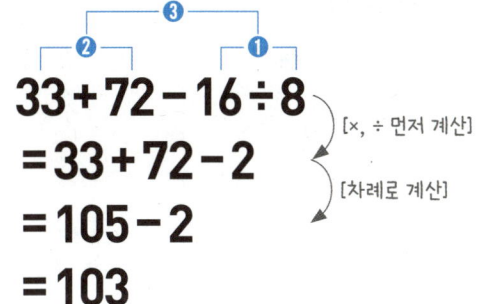

곱셈과 나눗셈을 덧셈과 뺄셈보다 **먼저** 계산합니다.

( )가 있는 식

• 덧셈, 뺄셈이 섞여 있고
  ( )가 있는 식

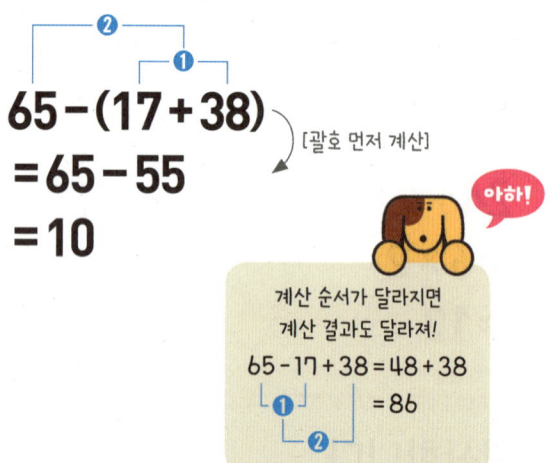

$$65-(17+38)$$
$$=65-55$$
$$=10$$

[괄호 먼저 계산]

아하!

계산 순서가 달라지면
계산 결과도 달라져!
$$65-17+38=48+38$$
$$=86$$

• 덧셈, 곱셈, 나눗셈이 섞여 있고
  ( )가 있는 식

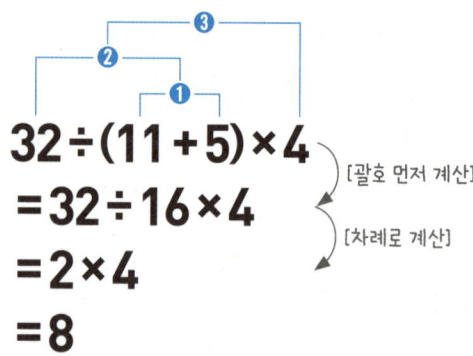

$$32÷(11+5)×4$$
$$=32÷16×4$$
$$=2×4$$
$$=8$$

[괄호 먼저 계산]

[차례로 계산]

( )가 있으면 ( ) 안을 가장 먼저 계산합니다.

 # 덧셈, 뺄셈, 곱셈, 나눗셈이 섞여 있는 식

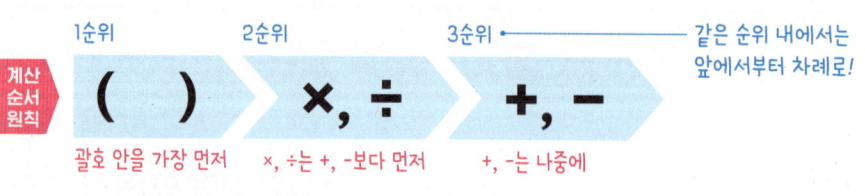

계산순서원칙	1순위	2순위	3순위	같은 순위 내에서는 앞에서부터 차례로!
	( )	×, ÷	+, −	
	괄호 안을 가장 먼저	×, ÷는 +, −보다 먼저	+, −는 나중에	

• ( )가 없는 식

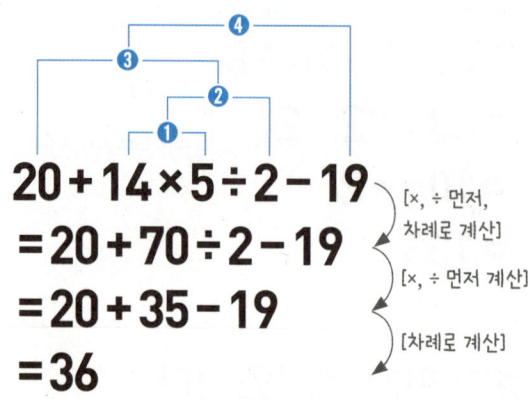

$$20+14×5÷2-19$$
$$=20+70÷2-19$$
$$=20+35-19$$
$$=36$$

[×, ÷ 먼저, 차례로 계산]

[×, ÷ 먼저 계산]

[차례로 계산]

• ( )가 있는 식

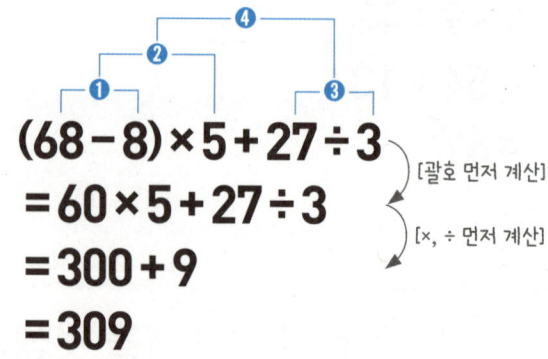

$$(68-8)×5+27÷3$$
$$=60×5+27÷3$$
$$=300+9$$
$$=309$$

[괄호 먼저 계산]

[×, ÷ 먼저 계산]

1. $50+17-25=42$

앞에서부터 차례로 계산!

❶ $50+17=67$

❷ $67-25=42$

2. $43-16+8=$

3. $31-14+52=$

4. $22+39-17=$

5. $60-34+24=$

6. $15+78-62-19=$

7. $21÷3×4=$

8. $8×10÷5=$

9. $54÷9×2=$

10. $28×3÷7=$

11. $200÷20÷5=$

12. $64÷16×2×3=$

하나의 식으로 나타내고 답을 구하세요.

1 30에서 6을 뺀 수에 9를 더하면 얼마인지 구하세요.

식

답 _____

2 7과 32의 곱을 8로 나누면 얼마인지 구하세요.

식

답 _____

3 젤리 45개가 있습니다. 이 젤리를 봉지 5개에 똑같이 나누어 담은 다음 3봉지에 담긴 젤리를 먹었습니다. 먹은 젤리는 몇 개인지 구하세요.

바로 개념  먼저 문장을 말로 나타낸 식으로 정리해 봐!
(먹은 젤리 수)
= (한 _____ 에 담긴 젤리 수) × (먹은 봉지 수)

식

답 _____

4 혜준이네 반은 남학생이 19명, 여학생이 16명입니다. 혜준이네 반 학생 중 안경을 쓴 학생이 11명이라면 안경을 쓰지 않은 학생은 몇 명인지 구하세요.

식

답 _____

1 $36 + 9 \times 7 = 99$

    ❶ $9 \times 7 = 63$
    ❷ $36 + 63 = 99$

곱셈(나눗셈)을
덧셈(뺄셈)보다
먼저 계산!

7 $24 \div 2 - 3 =$

2 $54 \div 9 + 5 =$

8 $30 - 3 \times 5 =$

3 $3 + 16 \div 4 =$

9 $7 \times 7 - 24 =$

4 $6 \times 2 + 10 =$

10 $16 - 45 \div 5 =$

5 $22 + 72 \div 8 =$

11 $48 \times 8 - 17 =$

6 $5 \times 8 + 23 =$

12 $20 - 108 \div 9 =$

동휘, 연아, 승혜, 남훈이가 빵집에 있습니다. 다음 상황에 알맞게 하나의 식으로 나타내고 답을 구하세요.

1

나는 한 묶음에 8개씩 포장된 야채빵을 5묶음 샀어. 10명에게 똑같이 나누어 주면 한 사람이 몇 개씩 먹을 수 있을까?

동휘

식

답 _____

3

나는 1500원짜리 소시지빵을 4개 사고 10000원을 냈어. 거스름돈은 얼마를 받아야 할까?

승혜

1500원

식

답 _____

2

나는 3800원인 식빵 1개와 700원짜리 음료수 4병을 샀어. 얼마를 내야 할까?

연아

3800원
700원 700원
700원 700원

식

답 _____

4

우와~ 단팥빵 16개는 한 봉지에 2개씩 담아 주시고, 소라빵 15개는 한 봉지에 3개씩 담아 주시네. 단팥빵과 소라빵은 모두 몇 봉지일까?

남훈

식

답 _____

( ) 안을 먼저 계산!

1 $30-(15+8) =$ ㄱ

  ❶ $15+8=23$
  ❷ $30-23=$ ㄱ

2 $(19+16) \div 7 =$

3 $5 \times (21-14) =$

4 $42 \div (7 \times 3) =$

5 $(13-8) \times 12 =$

6 $54 \div (10-4) =$

7 $(7+9) \times 6 =$

8 $55-(10-7) =$

9 $40 \div (16+4) =$

10 $(11-2) \div 3 =$

11 $4 \times (7+5) =$

12 $64 \div (16 \div 2) =$

두 식을 하나의 식으로 나타내세요.

1

$$25 + 10 = 35$$

$$35 - 7 = 28$$

35 대신
25+10을 넣자!

➡ $25 + 10 - 7 = 28$

2

$$56 - 13 = 43$$

$$43 + 8 = 51$$

➡

3

$$42 \div 6 = 7$$

$$7 \times 12 = 84$$

➡

4

$$32 \div 4 = 8$$

$$19 + 8 = 27$$

➡

5

$$8 - 5 = 3$$

$$14 \times 3 = 42$$

➡ $14 \times (8 - 5) = 42$

6

$$12 - 3 = 9$$

$$40 - 9 = 31$$

➡

7

$$5 \times 9 = 45$$

$$100 - 45 = 55$$

➡

8

$$6 + 8 = 14$$

$$126 \div 14 = 9$$

➡

곱셈 먼저!

1 $13 \times 6 + 5 - 22 =$

❶ ❷ ❸

7 $52 \div (11 - 7) + 26 =$

2 $70 - 6 \times 8 + 9 =$

8 $25 + 39 - 18 \div 6 =$

( )는 무조건 먼저!

3 $15 + (14 - 10) \times 7 =$

❶ ❷ ❸

9 $47 - 12 + 32 \div 8 =$

4 $8 \times 8 - (8 + 8) =$

10 $30 - 99 \div 9 + 14 =$

5 $24 + 7 \times 4 - 9 =$

11 $60 \div (14 + 13 - 15) =$

6 $(28 - 19 + 5) \times 10 =$

12 $(83 + 17) \div 10 - 5 =$

하나의 식으로 나타내고 답을 구하세요.

1 24에 3과 5의 곱을 더하고 17을 빼면 얼마인지 구하세요.

식

답 _____

( )를 사용해서 식을 만들어 봐요.

2 52를 11에서 9를 뺀 수로 나눈 후 8을 더하면 얼마인지 구하세요.

식

답 _____

3 바구니에 귤이 36개 담겨 있었습니다. 이 중에서 학생 9명에게 3개씩 나누어 준 다음 20개를 더 사 와서 담았습니다. 지금 바구니에 담긴 귤은 몇 개인지 구하세요.

식

답 _____

4 문방구에서 가위는 한 개에 1700원, 색 테이프는 4개에 3000원에 팔고 있습니다. 민서는 5000원으로 가위 한 개와 색 테이프 한 개를 샀습니다. 민서가 받은 거스름돈은 얼마인지 구하세요.

식

답 _____

계산 순서를 나타내세요.

1　$7+13×9$

2　$26-8+14$

3　$44÷2+9×9$

4　$46+25÷5-16$

5　$8×5-11+90÷10$

6　$94-42÷3×5+16$

7　$(51-19)÷8$

8　$33-(15-7)$

9　$8×(12+9)÷3$

10　$50+4×(21-16)$

11　$63÷(6+8-7)×12$

12　$(29+2×8)÷5-3$

간편하게 계산하는 방법을 나타낸 것입니다. □ 안에 알맞은 수를 써넣으세요.

1 $36+7+13$

❶ $36+7=$ 43

❷ $43+13=$ 56

$36+7+13$

❶ $7+13=$ 20

❷ $36+20=$ 56

➡ $36+7+13=$ □

• 지름길 계산법

$×, ÷$ ▶ $+, -$

×와 ÷는 같은 순위 +와 −는 같은 순위

• 같은 순위의 계산은 순서 바꾸기가 가능해요.
例 더해서 몇십이 되는 것 먼저!

2 $19×25×4$

❶ $25×4=$ □

❷ $19×100=$ □

➡ $19×25×4=$ □

4 $69+8-29$

❶ $69-29=$ □

❷ $40+8=$ □

➡ $69+8-29=$ □

3 $80÷16×2$

❶ $80×2=$ □

❷ $160÷16=$ □

➡ $80÷16×2=$ □

5 $42-14-16$

❶ 한꺼번에 30 빼기

❷ $42-$ 30 $=$ □

➡ $42-14-16=$ □

1 $18 \div 6 \times 3 + 27 - 15 =$

· ( ) 안을 가장 먼저 계산하기
↓
· 곱셈(나눗셈)을 덧셈(뺄셈)보다 먼저 계산하기
↓
· 덧셈과 뺄셈 또는 곱셈과 나눗셈이 섞여 있으면 앞에서부터 차례로 계산하기

2 $25 \times 6 \div 10 - (3 + 12) =$

7 $(70 - 2 \times 8) \div 9 + 53 =$

3 $14 + 2 \times 9 - 36 \div 12 =$

8 $58 \div 2 + 3 \times 10 - 15 =$

4 $(31 - 4) \div 3 + 5 \times 14 =$

9 $13 \times (11 - 20 \div 4) + 22 =$

5 $6 \times 12 + 90 \div 15 - 17 =$

10 $16 + 14 - 3 \times 16 \div 2 =$

6 $55 \div 11 \times (13 - 6) + 24 =$

11 $99 - (59 + 72 \div 36 \times 3) =$

태웅, 보람, 시훈, 예지가 '수학자 놀이'를 하면서 새로운 연산을 만들어서 설명하고 있습니다.
각각의 연산을 이용하여 주어진 식을 계산하면 얼마인지 구하세요.

1

ㄱ★ㄴ=(ㄱ+ㄴ)÷ㄴ
이라고 약속할 거야.

태웅

$12 ★ 3 = (12 + 3) ÷ 3$

$= 15 ÷ 3$

$= \underline{}$

연산 ★은
앞의 수와 뒤의 수의 합을
뒤의 수로 나누는 거야.

2

ㄱ■ㄴ=ㄴ+ㄴ×ㄱ-ㄱ
이라고 약속해야지.

보람

$9 ■ 7 =$

3

ㄱ◐ㄴ=ㄱ+(ㄴ-ㄱ)×ㄴ
이라고 약속!

시훈

$5 ◐ 8 =$

4

ㄱ▲ㄴ=ㄱ×ㄴ+ㄴ÷ㄱ
이라고 약속해.

예지

$4 ▲ 100 =$

식 완성하기 ① □가 있는 식

□ 안에 알맞은 수를 구하세요.

1 $\square + 6 \times 2 = 25$

먼저 계산

$\square + 12 = 25,$
$\square = 25 - 12 = 13$

답 __13__

2 $3 \times 7 - \square = 9$

답 _____

3 $16 \div 8 \times \square = 10$

답 _____

4 $\square \times (6 + 3) = 72$

답 _____

5 $(33 - 12) \div \square = 7$

답 _____

6 $\square - 4 \times 6 = 8$

답 _____

7 $5 \times 3 - 9 + \square = 13$

답 _____

8 $\square - 56 \div (11 - 3) = 4$

답 _____

□ 안에 알맞은 수를 구하세요.

1

한 덩어리로 생각

$$□ × 4 + 8 = 40$$

❶ 먼저 □×4의 값을 구하면

$$\boxed{□×4} + 8 = 40,$$

$$\boxed{□×4} = 40 - 8 = 32$$

❷ □의 값을 구하면

$$□ × 4 = 32,$$

$$□ = 32 ÷ 4 = 8$$

답   **8**

4

$$(□ + 2) × 6 = 36$$

답 _____

2

$$11 - □ + 7 = 15$$

답 _____

5

$$54 ÷ (□ × 9) = 2$$

답 _____

3

$$23 - (□ - 5) = 16$$

답 _____

6

$$(13 - □) + 30 ÷ 2 = 19$$

답 _____

식이 성립하도록 ( )로 묶어 보세요.

1 $12 - (9 - 3) = 6$

12 - 9 - 3 = 0, (12 - 9) - 3 = 0

계산 순서가 같으면 계산 결과가 같아.

계산 순서가 달라지는 부분을 찾자!

6 $43 - 17 + 12 \div 3 = 22$

세 수를 ( )로 묶을 수도 있어!

2 $72 \div 2 \times 4 = 9$

7 $5 + 21 - 9 \times 2 = 29$

3 $6 \times 5 + 9 = 84$

8 $7 + 60 \div 4 \times 3 = 12$

4 $29 - 4 \times 5 = 125$

9 $52 \div 4 - 8 \times 2 = 10$

5 $64 \div 22 - 6 = 4$

10 $10 + 33 - 7 \times 4 \div 13 = 18$

계산을 하거나 식이 성립하도록 ○ 안에 +, −, ×, ÷를 써넣으세요. (단, ( )로 묶을 수도 있습니다.)

1 2+2+2+2=

2 2×2×2−2=

3 2+2+2÷2=

4 (2−2)×2+2=

5 (2+2)÷(2×2)=

6 8 ◯ 8 ◯ 8 ◯ 8 =0

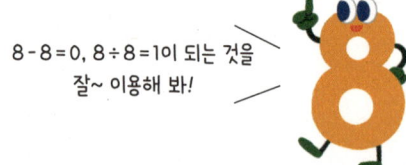

8−8=0, 8÷8=1이 되는 것을
잘~ 이용해 봐!

7 8 ◯ 8 ◯ 8 ◯ 8 =1

8 8 ◯ 8 ◯ 8 ◯ 8 =2

9 8 ◯ 8 ◯ 8 ◯ 8 =3

10 8 ◯ 8 ◯ 8 ◯ 8 =4

1 계산하세요.

(1) $66 + 14 - 53 =$

(2) $81 \div 3 \times 2 =$

(3) $27 + 45 \div 9 =$

(4) $17 \times 10 - 88 =$

(5) $20 - 121 \div 11 + 5 =$

(6) $(9 + 14) \times 7 - 61 =$

(7) $2 \times (50 - 5 \times 5) =$

(8) $72 \div 2 + 72 \div 3 =$

(9) $39 + 6 \times 4 \div 8 =$

(10) $56 \div (31 - 17) + 9 \times 5 =$

2 □ 안에 알맞은 수를 써넣으세요.

(1) $14 + 7 \times \boxed{} = 35$

(2) $(21 - \boxed{}) \div 3 = 5$

(3) $100 - 8 \times 5 + \boxed{} = 79$

(4) $\boxed{} + 6 - 10 = 13$

3 두 식을 하나의 식으로 나타내세요.

$$8+7=15,\ 15\times6=90$$

식 _____

4 연필이 한 상자에 12자루씩 10상자 있습니다. 이것을 8명에게 똑같이 나누어 주려고 합니다. 한 사람에게 몇 자루씩 주면 되는지 하나의 식으로 나타내어 구하세요.

식 _____

(   )

5 자두 42개 중에서 태하네 가족 4명과 하빈이네 가족 3명이 각각 5개씩 먹었습니다. 남은 자두는 몇 개인지 하나의 식으로 나타내어 구하세요.

식 _____

(   )

6 ㉠♥㉡=㉠×㉡−㉠+㉡이라고 약속할 때, 11♥6을 계산하면 얼마인지 구하세요.

(   )

02

약수와 배수

· 학습기록표 ·

학습 일차	학습 내용	날짜	맞은 개수	
			연산	응용
DAY 10	약수	/	/14	/6
DAY 11	배수	/	/14	/6
DAY 12	최대공약수	/	/12	/4
DAY 13	최대공약수와 공약수	/	/10	/6
DAY 14	최소공배수	/	/12	/4
DAY 15	최소공배수와 공배수	/	/10	/6
DAY 16	최대공약수와 최소공배수①	/	/8	/6
DAY 17	최대공약수와 최소공배수②	/	/12	/4
DAY 18	마무리 확인	/		/15

책상에 붙여 놓고
매일매일 기록해요.

2. 약수와 배수

▶ 약수

어떤 수를 나누어떨어지게 하는 수를
그 수의 약수라고 합니다.

예 6의 약수: 1, 2, 3, 6
　　　　　　6÷6 6÷3 6÷2 6÷1

▶ 배수

어떤 수를 1배, 2배, 3배…… 한 수를
그 수의 배수라고 합니다.

예 6의 배수: 6, 12, 18……
　　　　　　6×1 6×2 6×3

아하!

두 수의 곱으로 약수를
구할 수 있어!

▶ 약수와 배수의 관계

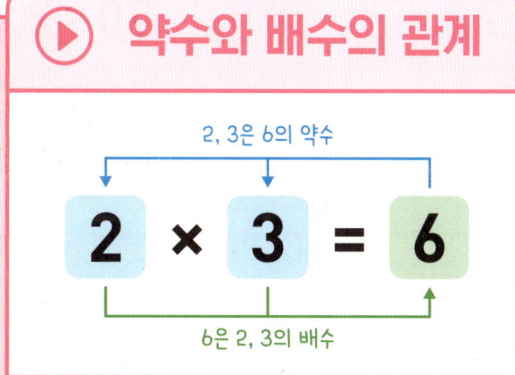

2, 3은 6의 약수

$$2 \times 3 = 6$$

6은 2, 3의 배수

▶ 공약수와 최대공약수

공약수: 두 수의 공통된 약수
최대공약수: 공약수 중에서 가장 큰 수

예 4의 약수: 1, 2, 4
　　6의 약수: 1, 2, 3, 6
　　　　　↓
　　4와 6의 공약수: 1, 2
　　4와 6의 최대공약수: 2

─────────────

두 수의 공약수는
두 수의 최대공약수의 약수와 같습니다.

예 1, 2(공약수)는 2(최대공약수)의 약수

▶ 공배수와 최소공배수

공배수: 두 수의 공통된 배수
최소공배수: 공배수 중에서 가장 작은 수

예 4의 배수: 4, 8, 12, 16, 20, 24……
　　6의 배수: 6, 12, 18, 24, 30……
　　　　　↓
　　4와 6의 공배수: 12, 24……
　　4와 6의 최소공배수: 12

─────────────

두 수의 공배수는
두 수의 최소공배수의 배수와 같습니다.

예 12, 24……(공배수)는 12(최소공배수)의 배수

▶ 최대공약수, 최소공배수 구하기_여러 수의 곱으로 나타내기

계산 방법 ❶ 두 수를 여러 수의 곱으로 나타냅니다.

$$6 = 2 \times 3 \qquad\qquad 70 = 2 \times 5 \times 7$$

$$2 \times 3 \qquad\qquad 10 \times 7$$

$$2 \times 5$$

❷ 최대공약수, 최소공배수를 구합니다.

$$6 = 2 \times 3$$
$$70 = 2 \times 5 \times 7$$

$$2$$

6과 70의 최대공약수: 2

$$6 = 2 \times 3$$
$$70 = 2 \qquad \times 5 \times 7$$

$$2 \times 3 \times 5 \times 7 = 210$$

6과 70의 최소공배수: 210

▶ 최대공약수, 최소공배수 구하기_공약수로 거꾸로 나누기

계산 방법 ❶ 두 수의 공약수로 거꾸로 나누기를 합니다.

12와 30의 공약수 →

$$2 \overline{)\ 12 \quad 30}$$
$$\qquad 6 \quad 15$$

➡

$$2 \overline{)\ 12 \quad 30}$$
$$3 \overline{)\ \ 6 \quad 15}$$
$$\qquad 2 \quad\ 5$$

6과 15의 공약수 →

1 이외의 공약수가 없을 때까지 나누어요.

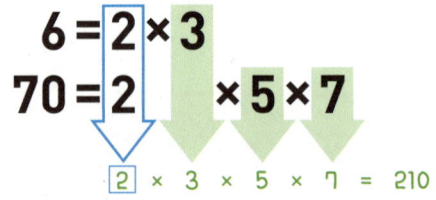

• 거꾸로 나누기

❷ 최대공약수, 최소공배수를 구합니다.

$$2 \overline{)\ 12 \quad 30}$$
$$3 \overline{)\ \ 6 \quad 15}$$
$$\qquad 2 \quad\ 5$$

$2 \times 3 = 6$

12와 30의 최대공약수: 6

$$2 \overline{)\ 12 \quad 30}$$
$$3 \overline{)\ \ 6 \quad 15}$$
$$\qquad 2 \quad\ 5$$

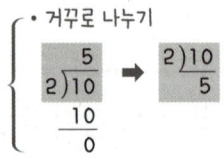

$2 \times 3 \times 2 \times 5 = 60$

12와 30의 최소공배수: 60

약수를 모두 구하세요.

1 8의 약수

➡ 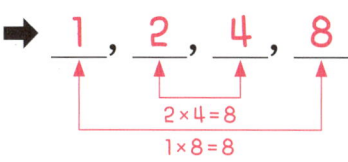 _1_, _2_, _4_, _8_

2×4=8
1×8=8

2 12의 약수
➡

3 13의 약수
➡

4 16의 약수
➡

5 21의 약수
➡

6 30의 약수
➡

7 44의 약수
➡

8 49의 약수
➡

9 51의 약수
➡

10 63의 약수
➡

11 64의 약수
➡

12 72의 약수
➡

13 80의 약수
➡

14 88의 약수
➡

응용 UP 약수

▌ 수를 여러 수의 곱으로 나타내는 문제 ▌

주어진 수를 약수가 1과 자기 자신뿐인 수들의 곱으로 나타내세요.
(예를 들어, 약수가 1과 자기 자신뿐인 수는 2, 3, 5, 7, 11……입니다.)

1

6 = 2×3

➡ 6 = $\boxed{2}$ × $\boxed{3}$

4

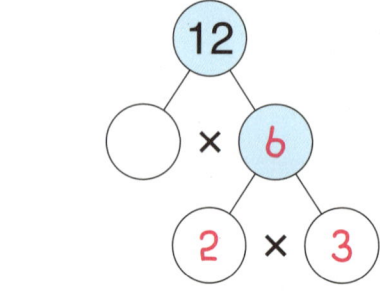

➡ 12 = $\boxed{}$ × $\boxed{2}$ × $\boxed{3}$

2

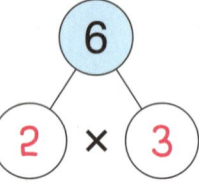

➡ 10 = _____

5

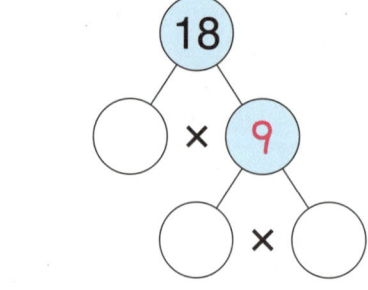

➡ 18 = _____

3

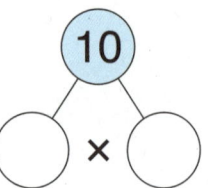

➡ 21 = _____

6

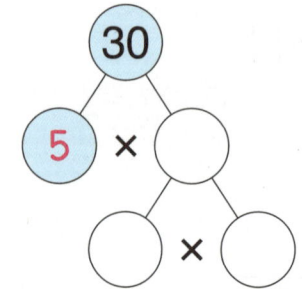

➡ 30 = _____

11 배수

배수를 가장 작은 수부터 5개 쓰세요.

1 3의 배수

➡ <u>3</u>, <u>6</u>, <u>9</u>, <u>12</u>, <u>15</u>
   3×1 3×2 3×3 3×4 3×5

2 4의 배수

➡

3 5의 배수

➡

4 8의 배수

➡

5 10의 배수

➡

6 11의 배수

➡

7 15의 배수

➡

8 24의 배수

➡

9 29의 배수

➡

10 31의 배수

➡

11 44의 배수

➡

12 56의 배수

➡

13 70의 배수

➡

14 120의 배수

➡

배수의 개수 이용하는 문제

1 1부터 100까지의 수 중에서 8의 배수는 모두 몇 개인지 구하세요.

8×1=8, 8×2=16, 8×3=24 ······8×11=88, 8×12=96, 8×13=104 ······이므로 100을 8로 나눈 몫이 배수의 개수가 되네.

➡ 100÷8=12 ··· 4

답 _____

2 1부터 100까지의 수 중에서 3의 배수는 모두 몇 개인지 구하세요.

답 _____

3 10부터 50까지의 수 중에서 5의 배수는 모두 몇 개인지 구하세요.

답 _____

4 12의 배수 중에서 100에 가장 가까운 수는 얼마인지 구하세요.

답 _____

5 13의 배수 중에서 100에 가장 가까운 수는 얼마인지 구하세요.

답 _____

6 터미널에서 놀이동산으로 가는 버스가 오전 9시부터 7분 간격으로 출발합니다. 오전 9시부터 오전 10시까지 버스는 몇 번 출발하는지 구하세요.

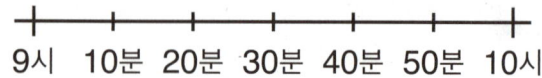

9시 10분 20분 30분 40분 50분 10시

답 _____

두 수의 최대공약수를 구하세요.

1   ┌ 8과 12의 공약수
2) 8 12
2) 4   6
    2   3
└ 4와 6의 공약수

➡ 최대공약수:
$2 \times 2 = 4$

5   ) 27 54

➡ 최대공약수:

9   ) 50 65

➡ 최대공약수:

2   ) 12 3

➡ 최대공약수:

6   ) 36 48

➡ 최대공약수:

10   ) 48 16

➡ 최대공약수:

3   ) 6 10

➡ 최대공약수:

7   ) 35 14

➡ 최대공약수:

11   ) 44 55

➡ 최대공약수:

4   ) 30 42

➡ 최대공약수:

8   ) 70 40

➡ 최대공약수:

12   ) 78 117

➡ 최대공약수:

1 축구공 20개와 농구공 35개를 최대한 많은 모둠에게 남김없이 똑같이 나누어 주려고 합니다. 최대 몇 모둠까지 나누어 줄 수 있는지 구하세요.

바로 개념

최대한 많은   남김없이 똑같이 나누어

(최대 , 최소) + (공약수 , 공배수)

➡ 20과 35의 _____ 를 구하자.

$)\overline{20\quad 35}$

답 _____

2 튤립 36송이와 장미 24송이를 최대한 많은 학생에게 남김없이 똑같이 나누어 주려고 합니다. 최대 몇 명까지 나누어 줄 수 있는지 구하세요.

$)\overline{36\quad 24}$

답 _____

3 길이가 각각 28 cm, 32 cm인 털실이 있습니다. 두 털실을 똑같은 길이로 남김없이 자르려고 합니다. 한 도막의 길이를 최대한 길게 자르려면 털실을 몇 cm씩 잘라야 하는지 구하세요.

$)\overline{\qquad}$

답 _____

4 연필 99자루와 공책 22권을 최대한 많은 학생에게 남김없이 똑같이 나누어 주려고 합니다. 최대 몇 명까지 나누어 줄 수 있는지 구하세요.

$)\overline{\qquad}$

답 _____

최대공약수를 구한 다음, 최대공약수를 이용하여 공약수를 모두 구하세요.

1   3) 9 6
        3 2

➡ 최대공약수: **3** ┐ 약수
   공약수: 1, 3 ←┘

두 수의 공약수는
두 수의 최대공약수의 _____를 구하면 돼.

2   ) 8 20

➡ 최대공약수:
   공약수:

5   ) 36 54

➡ 최대공약수:
   공약수:

8   ) 60 24

➡ 최대공약수:
   공약수:

3   ) 49 28

➡ 최대공약수:
   공약수:

6   ) 72 88

➡ 최대공약수:
   공약수:

9   ) 33 121

➡ 최대공약수:
   공약수:

4   ) 30 54

➡ 최대공약수:
   공약수:

7   ) 50 75

➡ 최대공약수:
   공약수:

10   ) 120 45

➡ 최대공약수:
   공약수:

1 어떤 두 수의 최대공약수가 5일 때 두 수의 공약수를 모두 구하세요.

➡ 두 수의 최대공약수: 5

→ 두 수의 공약수: 1, 5 ← 약수

바로 개념

두 수의 최대공약수의 약수가
두 수의 ___공약수___ 야.

답 _____1, 5_____

4 두 수 ●와 ▲의 최대공약수가 6일 때 두 수 ●와 ▲의 공약수를 모두 구하세요.

답 _____

2 어떤 두 수의 최대공약수가 9일 때 두 수의 공약수를 모두 구하세요.

답 _____

5 두 수 ●와 ▲의 최대공약수가 10일 때 두 수 ●와 ▲의 공약수를 모두 구하세요.

답 _____

3 어떤 두 수의 최대공약수가 20일 때 두 수의 공약수를 모두 구하세요.

답 _____

6 두 수 ●와 ▲의 최대공약수가 28일 때 두 수 ●와 ▲의 공약수를 모두 구하세요.

답 _____

두 수의 최소공배수를 구하세요.

1
```
2) 18  12
3)  9   6
    3   2
```
➡ 최소공배수:
2×3×3×2=36

5
```
) 54  27
```
➡ 최소공배수:

9
```
) 40  56
```
➡ 최소공배수:

2
```
) 6  15
```
➡ 최소공배수:

6
```
) 30  40
```
➡ 최소공배수:

10
```
) 39  13
```
➡ 최소공배수:

3
```
) 4  16
```
➡ 최소공배수:

7
```
) 55  22
```
➡ 최소공배수:

11
```
) 24  120
```
➡ 최소공배수:

4
```
) 35  21
```
➡ 최소공배수:

8
```
) 18  27
```
➡ 최소공배수:

12
```
) 70  56
```
➡ 최소공배수:

1 소진이네 가족은 **16**일마다, 은빈이네 가족은 **12**일마다 등산을 합니다. 오늘 두 가족이 함께 등산을 하면, <mark>다음번에</mark> 두 가족이 <mark>함께</mark> 등산하는 날은 며칠 후인지 구하세요.

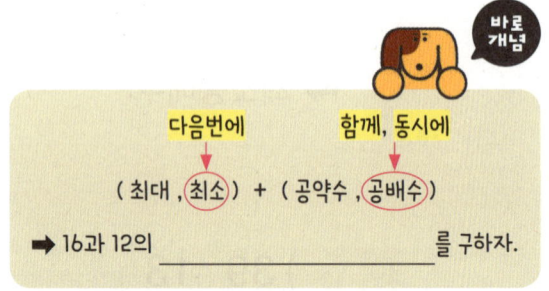

다음번에   함께, 동시에

(최대 , 최소) + (공약수 , 공배수)

➡ 16과 12의 _____ 를 구하자.

)16 12

답 _____

2 기계 ㉮와 ㉯가 있습니다. ㉮는 **6**일마다, ㉯는 **10**일마다 정기 점검을 합니다. 5월 1일에 두 기계를 동시에 점검한다면, 다음번에 두 기계를 동시에 점검하는 날은 몇 월 며칠인지 구하세요.

답 _____

3 지수와 동우가 운동장을 일정한 빠르기로 걷고 있습니다. 지수는 **9**분마다, 동우는 **15**분마다 운동장을 한 바퀴 돕니다. 두 사람이 출발점에서 같은 방향으로 동시에 출발할 때, 출발 후 **1**시간 동안 출발점에서 몇 번 만나는지 구하세요.

답 _____

4 터미널에서 대전행 버스는 **50**분마다, 목포행 버스는 **30**분마다 출발합니다. 두 버스가 오전 **8**시에 동시에 출발했다면, 다음번에 두 버스가 동시에 출발하는 시각은 오전 몇 시 몇 분인지 구하세요.

답 오전 _____

최소공배수를 구한 다음, 최소공배수를 이용하여 공배수를 가장 작은 수부터 3개 쓰세요.

1
$$5\,)\,\underline{25\quad15}$$
$$5\qquad3$$

➡ 최소공배수: $5×5×3=75$ ─┐배수

공배수: 75, 150, 225 ◀─┘

두 수의 공배수는
두 수의 최소공배수의 _____ 를 구하면 돼.

2
$$)\,24\quad8$$

➡ 최소공배수:

공배수:

5
$$)\,77\quad11$$

➡ 최소공배수:

공배수:

8
$$)\,40\quad100$$

➡ 최소공배수:

공배수:

3
$$)\,12\quad18$$

➡ 최소공배수:

공배수:

6
$$)\,14\quad42$$

➡ 최소공배수:

공배수:

9
$$)\,165\quad132$$

➡ 최소공배수:

공배수:

4
$$)\,17\quad68$$

➡ 최소공배수:

공배수:

7
$$)\,36\quad24$$

➡ 최소공배수:

공배수:

10
$$)\,36\quad72$$

➡ 최소공배수:

공배수:

1 어떤 두 수의 최소공배수가 **6**일 때 두 수의 공배수를 가장 작은 수부터 **3**개 쓰세요.

➡ 두 수의 최소공배수: 6
　　　　　　　　　↘ 배수
　→ 두 수의 공배수: 6, 12, 18

바로 개념

두 수의 최소공배수의 배수가
두 수의 _____ 야.

답 ___6, 12, 18___

2 어떤 두 수의 최소공배수가 **14**일 때 두 수의 공배수를 가장 작은 수부터 **3**개 쓰세요.

답 _____

3 어떤 두 수의 최소공배수가 **100**일 때 두 수의 공배수를 가장 작은 수부터 **3**개 쓰세요.

답 _____

4 두 수 ▲와 ★의 최소공배수가 **9**일 때 두 수 ▲와 ★의 공배수를 가장 작은 수부터 **3**개 쓰세요.

답 _____

5 두 수 ▲와 ★의 최소공배수가 **12**일 때 두 수 ▲와 ★의 공배수를 가장 작은 수부터 **3**개 쓰세요.

답 _____

6 두 수 ▲와 ★의 최소공배수가 **35**일 때 두 수 ▲와 ★의 공배수를 가장 작은 수부터 **3**개 쓰세요.

답 _____

여러 수의 곱으로 나타낸 곱셈식을 보고 두 수의 최대공약수와 최소공배수를 구하세요.

1 $18 = 2 \times 3 \times 3$
$12 = 2 \times 2 \times 3$

➡ 최대공약수: $2 \times 3 = 6$ (공통)
최소공배수: $2 \times 3 \times 3 \times 2 = 36$
(최대공약수) × (공통이 아닌 수들의 곱)

5 $30 = 2 \times 3 \times 5$
$16 = 2 \times 2 \times 2 \times 2$

➡ 최대공약수:
최소공배수:

2 $10 = 2 \times 5$
$12 = 2 \times 2 \times 3$

➡ 최대공약수:
최소공배수:

6 $22 = 2 \times 11$
$99 = 3 \times 3 \times 11$

➡ 최대공약수:
최소공배수:

3 $15 = 3 \times 5$
$35 = 5 \times 7$

➡ 최대공약수:
최소공배수:

7 $8 = 2 \times 2 \times 2$
$24 = 2 \times 2 \times 2 \times 3$

➡ 최대공약수:
최소공배수:

4 $99 = 3 \times 3 \times 11$
$30 = 2 \times 3 \times 5$

➡ 최대공약수:
최소공배수:

8 $36 = 2 \times 2 \times 3 \times 3$
$78 = 2 \times 3 \times 13$

➡ 최대공약수:
최소공배수:

응용 UP 최대공약수와 최소공배수 ①

| 어떤 수 구하는 문제 |

1 42와 24를 <mark>어떤 수로 나누면</mark> 두 수 <mark>모두 나누어떨어집니다.</mark> 어떤 수 중에서 가장 큰 수를 구하세요.
최대공약수

$$)\,42\quad 24$$

답 _____

2 30과 45를 어떤 수로 나누면 두 수 모두 나누어떨어집니다. 어떤 수 중에서 가장 큰 수를 구하세요.

답 _____

3 84와 108을 어떤 수로 나누면 두 수 모두 나누어떨어집니다. 어떤 수 중에서 가장 큰 수를 구하세요.

답 _____

4 <mark>어떤 수를 6으로 나누어도 나누어떨어지고,</mark> 8로 나누어도 <mark>나누어떨어집니다.</mark> 어떤 수 중에서 가장 작은 수를 구하세요.
최소공배수

$$)\,6\quad 8$$

답 _____

5 어떤 수를 9로 나누어도 나누어떨어지고, 6으로 나누어도 나누어떨어집니다. 어떤 수 중에서 가장 작은 수를 구하세요.

답 _____

6 어떤 수를 3으로 나누어도 나누어떨어지고, 7로 나누어도 나누어떨어집니다. 어떤 수 중에서 가장 작은 수를 구하세요.

답 _____

두 수의 최대공약수와 최소공배수를 구하세요.

1 　) 20　36

→ 최대공약수:
　최소공배수:

2 　) 14　7

→ 최대공약수:
　최소공배수:

3 　) 20　30

→ 최대공약수:
　최소공배수:

4 　) 36　60

→ 최대공약수:
　최소공배수:

5 　) 24　18

→ 최대공약수:
　최소공배수:

6 　) 26　65

→ 최대공약수:
　최소공배수:

7 　) 27　9

→ 최대공약수:
　최소공배수:

8 　) 88　110

→ 최대공약수:
　최소공배수:

9 　) 35　40

→ 최대공약수:
　최소공배수:

10 　) 8　88

→ 최대공약수:
　최소공배수:

11 　) 42　105

→ 최대공약수:
　최소공배수:

12 　) 48　32

→ 최대공약수:
　최소공배수:

| 정사각형으로 자르거나 정사각형을 만드는 문제 |

1 가로가 **50 cm**, 세로가 **40 cm**인 직사각형 모양의 종이가 있습니다. 이 종이를 남는 부분 없이 크기가 같은 정사각형 모양 여러 개로 자르려고 합니다. <mark>가장 큰</mark> 정사각형 모양으로 자르려면 한 변은 몇 **cm**로 해야 하는지 구하세요.

바로 개념

<mark>가장 큰, 최대한 큰, 될 수 있는 대로 큰</mark>
➡ ((최대공약수) , 최소공배수)

답 _____

3 가로가 **14 cm**, 세로가 **28 cm**인 직사각형 모양의 종이를 겹치지 않게 이어 붙여서 <mark>가장 작은</mark> 정사각형 모양을 만들려고 합니다. 만들 수 있는 정사각형의 한 변의 길이는 몇 **cm**인지 구하세요

바로 개념

<mark>가장 작은, 최대한 작은, 될 수 있는 대로 작은</mark>
➡ (최대공약수 , 최소공배수)

답 _____

2 가로가 **12 cm**, 세로가 **32 cm**인 직사각형 모양의 종이가 있습니다. 이 종이를 남는 부분 없이 크기가 같은 정사각형 모양 여러 개로 자르려고 합니다. 가장 큰 정사각형 모양으로 자르려면 한 변은 몇 **cm**로 해야 하는지 구하세요.

답 _____

4 가로가 **63 cm**, 세로가 **27 cm**인 직사각형 모양의 종이를 겹치지 않게 이어 붙여서 가장 작은 정사각형 모양을 만들려고 합니다. 만들 수 있는 정사각형의 한 변의 길이는 몇 **cm**인지 구하세요.

답 _____

1 다음 수의 약수를 모두 구하세요.

(1) **6** ➡

(2) **81** ➡

2 다음 수의 배수를 가장 작은 수부터 **6**개 쓰세요.

(1) **2** ➡

(2) **13** ➡

3 두 수의 최대공약수와 최소공배수를 구하세요.

(1) $)\overline{15\quad 6}$

(2) $)\overline{21\quad 56}$

➡ 최대공약수:
  최소공배수:

➡ 최대공약수:
  최소공배수:

(3) $)\overline{48\quad 60}$

(4) $)\overline{40\quad 10}$

➡ 최대공약수:
  최소공배수:

➡ 최대공약수:
  최소공배수:

(5) $)\overline{63\quad 18}$

(6) $)\overline{44\quad 66}$

➡ 최대공약수:
  최소공배수:

➡ 최대공약수:
  최소공배수:

4 1부터 100까지의 수 중에서 9의 배수는 모두 몇 개인지 구하세요.

(   )

5 붙임딱지 42장과 색종이 70장을 최대한 많은 사람에게 남김없이 똑같이 나누어 주려고 합니다. 최대 몇 명까지 나누어 줄 수 있는지 구하세요.

(   )

6 동하는 10일마다, 현서는 4일마다 도서관에 갑니다. 두 사람이 9월 1일에 함께 도서관에 간다면, 다음번에 두 사람이 함께 도서관에 가는 날은 몇 월 며칠인지 구하세요.

(   )

7 어떤 두 수의 최대공약수가 15일 때 두 수의 공약수를 모두 구하세요.

(   )

8 가로가 36 cm, 세로가 45 cm인 직사각형 모양의 종이를 겹치지 않게 늘어놓아 가장 작은 정사각형 모양을 만들었습니다. 만든 정사각형의 한 변의 길이는 몇 cm인지 구하세요.

(   )

03

약분과 통분

학습 일차	학습 내용	날짜	맞은 개수	
			연산	응용
DAY 19	크기가 같은 분수	/	/10	/5
DAY 20	약분 기약분수	/	/17	/4
DAY 21	통분① 분모의 곱을 공통분모로 하여 통분하기	/	/12	/10
DAY 22	통분② 분모의 최소공배수를 공통분모로 하여 통분하기	/	/12	/4
DAY 23	분수의 크기 비교 분모가 다른 분수의 크기 비교	/	/12	/6
DAY 24	분수와 소수의 크기 비교	/	/12	/4
DAY 25	마무리 확인	/		/20

책상에 붙여 놓고
매일매일 기록해요.

3. 약분과 통분

▶ 크기가 같은 분수 _ 곱셈 이용

분모와 분자에 각각 0이 아닌 **같은 수를**
곱하면 크기가 같은 분수가 됩니다.

$$\frac{1}{2} = \frac{2}{4} = \frac{3}{6} = \frac{4}{8}$$

$\times 2 \quad \times 3 \quad \times 4$

▶ 크기가 같은 분수 _ 나눗셈 이용

분모와 분자를 각각 0이 아닌 **같은 수로**
나누면 크기가 같은 분수가 됩니다.

$$\frac{12}{30} = \frac{6}{15} = \frac{4}{10} = \frac{2}{5}$$

$\div 2 \quad \div 3 \quad \div 6$

▶ 약분

분모와 분자를 **공약수**로 나누어 간단한
분수로 만드는 것을 **약분한다**고 합니다.

계산 방법   **원리 이해**

$$\frac{\cancel{30}^{15}}{\cancel{40}_{20}} = \frac{15}{20} \qquad \begin{cases} \dfrac{30 \div 2}{40 \div 2} = \dfrac{15}{20} \\ \uparrow \\ 30과 40의 \text{ 공약수} \end{cases}$$

$$\frac{\cancel{30}^{6}}{\cancel{40}_{8}} = \frac{6}{8} \qquad \begin{cases} \dfrac{30 \div 5}{40 \div 5} = \dfrac{6}{8} \\ \uparrow \\ 30과 40의 \text{ 공약수} \end{cases}$$

$$\frac{\cancel{30}^{3}}{\cancel{40}_{4}} = \frac{3}{4} \qquad \begin{cases} \dfrac{30 \div 10}{40 \div 10} = \dfrac{3}{4} \\ \uparrow \\ 30과 40의 \text{ 공약수} \end{cases}$$

▶ 기약분수

분모와 분자의 공약수가 1뿐인 분수를
기약분수라고 합니다.
기약분수로 나타내려면 분모와 분자를
두 수의 **최대공약수**로 나눕니다.

계산 방법   **원리 이해**

$$\frac{\cancel{6}^{1}}{\cancel{42}_{7}} = \frac{1}{7} \qquad \begin{cases} \dfrac{6 \div 6}{42 \div 6} = \dfrac{1}{7} \\ \uparrow \\ 6과 42의 \text{ 최대공약수} \end{cases}$$

$$\frac{\cancel{30}^{3}}{\cancel{40}_{4}} = \frac{3}{4} \qquad \begin{cases} \dfrac{30 \div 10}{40 \div 10} = \dfrac{3}{4} \\ \uparrow \\ 30과 40의 \text{ 최대공약수} \end{cases}$$

통분

분수의 분모를 같게 하는 것을 **통분한다**고 하고, 통분한 분모를 **공통분모**라고 합니다.

방법 ❶ 두 분모의 곱을 공통분모로 하여 통분하기

$$\left(\frac{1}{7}, \frac{4}{9} \right) \rightarrow \left(\frac{1 \times 9}{7 \times 9}, \frac{4 \times 7}{9 \times 7} \right) \rightarrow \left(\frac{9}{63}, \frac{28}{63} \right)$$

곱: 7×9=63

방법 ❷ 두 분모의 최소공배수를 공통분모로 하여 통분하기

$$\left(\frac{7}{10}, \frac{5}{6} \right) \rightarrow \left(\frac{7 \times 3}{10 \times 3}, \frac{5 \times 5}{6 \times 5} \right) \rightarrow \left(\frac{21}{30}, \frac{25}{30} \right)$$

$$2 \underline{)\,10 \quad 6}$$
$$ 5 \quad 3$$

→ 10과 6의 최소공배수: 2×5×3=30

분수의 크기 비교

· $\frac{1}{6}$과 $\frac{2}{9}$의 크기 비교하기

❶ 분수를 통분합니다.

$$\frac{1}{6} = \frac{3}{18}, \quad \frac{2}{9} = \frac{4}{18}$$

❷ 분자끼리 비교합니다.

$$3 < 4 \Rightarrow \frac{3}{18} < \frac{4}{18}$$

$$\Rightarrow \frac{1}{6} < \frac{2}{9}$$

분수와 소수의 크기 비교

· $\frac{17}{25}$과 0.52의 크기 비교하기

방법 ❶ 분수를 소수로 나타내어 비교하기

$$\frac{17}{25} = \frac{68}{100} = 0.68$$

$$\Rightarrow \frac{17}{25} (=0.68) > 0.52$$

방법 ❷ 소수를 분수로 나타내어 비교하기

$$0.52 = \frac{52}{100} = \frac{13}{25}$$

$$\Rightarrow \frac{17}{25} > 0.52 \left(= \frac{13}{25} \right)$$

□ 안에 알맞은 수를 써넣어 크기가 같은 분수를 만드세요.

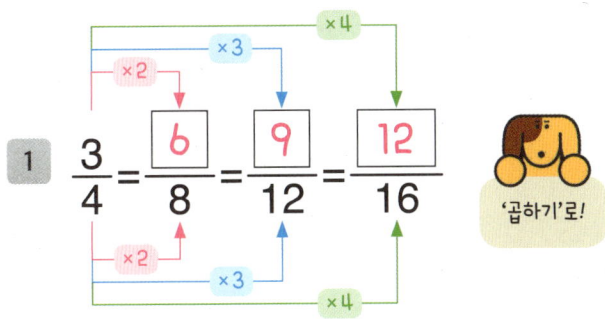

1   $\dfrac{3}{4} = \dfrac{6}{8} = \dfrac{9}{12} = \dfrac{12}{16}$ '곱하기'로!

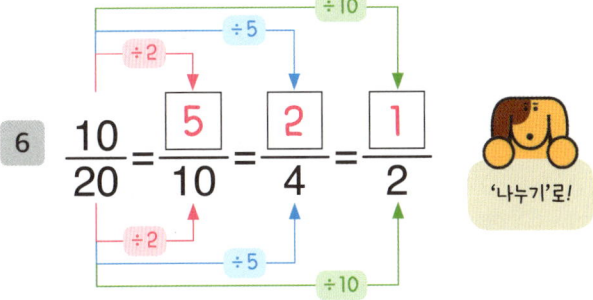

6   $\dfrac{10}{20} = \dfrac{5}{10} = \dfrac{2}{4} = \dfrac{1}{2}$ '나누기'로!

2   $\dfrac{1}{6} = \dfrac{2}{\square} = \dfrac{3}{\square} = \dfrac{4}{\square}$

7   $\dfrac{36}{45} = \dfrac{12}{\square} = \dfrac{4}{\square}$

3   $\dfrac{2}{9} = \dfrac{\square}{18} = \dfrac{6}{\square} = \dfrac{\square}{36} = \dfrac{10}{\square}$

8   $\dfrac{16}{56} = \dfrac{\square}{28} = \dfrac{4}{\square} = \dfrac{\square}{7}$

4   $\dfrac{4}{11} = \dfrac{8}{\square} = \dfrac{\square}{33} = \dfrac{16}{\square} = \dfrac{\square}{55}$

9   $\dfrac{30}{36} = \dfrac{15}{\square} = \dfrac{\square}{12} = \dfrac{5}{\square}$

5   $\dfrac{5}{7} = \dfrac{\square}{14} = \dfrac{15}{\square} = \dfrac{20}{\square} = \dfrac{\square}{35}$

10   $\dfrac{28}{42} = \dfrac{14}{\square} = \dfrac{4}{\square} = \dfrac{\square}{3}$

크기가 같은 분수

1 $\frac{14}{63}$와 크기가 같은 분수 중에서 분자가 2인 분수를 구하세요.

➡ 14÷7=2이므로 $\frac{14}{63}=\frac{14\div7}{63\div7}=\frac{2}{9}$

답 $\frac{2}{9}$

2 $\frac{3}{7}$과 크기가 같은 분수 중에서 분모가 35인 분수를 구하세요.

답 ____________

3 $\frac{36}{40}$과 크기가 같은 분수 중에서 분모가 10인 분수를 구하세요.

답 ____________

4 $\frac{8}{15}$과 크기가 같은 분수 중에서 분자가 24인 분수를 구하세요.

답 ____________

5 $\frac{4}{5}$와 크기가 같은 분수 중에서 분모와 분자의 합이 45인 분수를 구하세요.

답 ____________

약분하여 기약분수로 나타내세요.

분자와 분모의

_____ 로 나누자!

1 $\dfrac{7}{14} = \dfrac{1}{2}$ ←7과 14의 최대공약수

2 $\dfrac{8}{12} =$

3 $\dfrac{25}{40} =$

4 $\dfrac{6}{30} =$

5 $\dfrac{33}{39} =$

6 $\dfrac{12}{62} =$

7 $\dfrac{30}{50} =$

8 $\dfrac{49}{84} =$

9 $\dfrac{30}{54} =$

10 $\dfrac{22}{77} =$

11 $\dfrac{32}{40} =$

12 $1\dfrac{9}{12} =$

13 $2\dfrac{8}{48} =$

14 $3\dfrac{12}{46} =$

15 $2\dfrac{36}{40} =$

16 $1\dfrac{63}{99} =$

17 $4\dfrac{65}{100} =$

1 $\dfrac{8}{9}$ 보다 작은 분수 중에서 분모가 9인 기약분수를 모두 구하세요.

➡ 분자가 될 수 있는 1부터 7까지의 수 중에서 분모 9와 공약수가 1뿐인 수는 1, 2, 4, 5, 7이므로 $\dfrac{1}{9}, \dfrac{2}{9}, \dfrac{4}{9}, \dfrac{5}{9}, \dfrac{7}{9}$ 입니다.

답 $\dfrac{1}{9}, \dfrac{2}{9}, \dfrac{4}{9}, \dfrac{5}{9}, \dfrac{7}{9}$

2 $\dfrac{7}{8}$ 보다 작은 분수 중에서 분모가 8인 기약분수를 모두 구하세요.

답 _____

3 분모가 5인 진분수 중에서 기약분수를 모두 구하세요.

답 _____

4 분모가 12인 진분수 중에서 기약분수를 모두 구하세요.

답 _____

분모의 곱을 공통분모로 하여 통분하세요.

1. $\left(\dfrac{1}{3}, \dfrac{1}{2} \right) \rightarrow \left(\dfrac{2}{6}, \dfrac{3}{6} \right)$

$3 \times 2 = 6$

7. $\left(\dfrac{3}{4}, \dfrac{1}{6} \right) \rightarrow \left(\quad, \quad \right)$

2. $\left(\dfrac{4}{7}, \dfrac{6}{11} \right) \rightarrow \left(\quad, \quad \right)$

8. $\left(\dfrac{11}{12}, \dfrac{2}{5} \right) \rightarrow \left(\quad, \quad \right)$

3. $\left(\dfrac{5}{6}, \dfrac{3}{5} \right) \rightarrow \left(\quad, \quad \right)$

9. $\left(\dfrac{1}{2}, \dfrac{7}{9} \right) \rightarrow \left(\quad, \quad \right)$

4. $\left(\dfrac{7}{8}, \dfrac{9}{10} \right) \rightarrow \left(\quad, \quad \right)$

10. $\left(\dfrac{8}{15}, \dfrac{3}{7} \right) \rightarrow \left(\quad, \quad \right)$

5. $\left(1\dfrac{1}{2}, 1\dfrac{4}{15} \right) \rightarrow \left(\quad, \quad \right)$

11. $\left(1\dfrac{5}{8}, 2\dfrac{5}{21} \right) \rightarrow \left(\quad, \quad \right)$

6. $\left(2\dfrac{6}{13}, 1\dfrac{2}{3} \right) \rightarrow \left(\quad, \quad \right)$

12. $\left(4\dfrac{13}{30}, 3\dfrac{9}{20} \right) \rightarrow \left(\quad, \quad \right)$

통분하기 전의 기약분수를 구하세요.

1

약분 $\frac{4}{20} = \frac{1}{5}$

$$\left(\frac{\boxed{1}}{5}, \frac{\boxed{1}}{4}\right) \rightarrow \left(\frac{4}{20}, \frac{5}{20}\right)$$

약분 $\frac{5}{20} = \frac{1}{4}$

2
$$\left(\frac{\boxed{}}{10}, \frac{\boxed{}}{3}\right) \rightarrow \left(\frac{9}{30}, \frac{20}{30}\right)$$

3
$$\left(\frac{\boxed{}}{6}, \frac{\boxed{}}{9}\right) \rightarrow \left(\frac{9}{54}, \frac{24}{54}\right)$$

4
$$\left(\frac{\boxed{}}{7}, \frac{\boxed{}}{6}\right) \rightarrow \left(\frac{18}{42}, \frac{35}{42}\right)$$

5
$$\left(\frac{\boxed{}}{4}, \frac{\boxed{}}{12}\right) \rightarrow \left(\frac{45}{60}, \frac{55}{60}\right)$$

6
$$(\quad , \quad) \rightarrow \left(\frac{66}{77}, \frac{70}{77}\right)$$

약분하여 기약분수로 나타내야 해.

7
$$(\quad , \quad) \rightarrow \left(\frac{16}{48}, \frac{9}{48}\right)$$

8
$$(\quad , \quad) \rightarrow \left(\frac{105}{126}, \frac{48}{126}\right)$$

9
$$(\quad , \quad) \rightarrow \left(1\frac{45}{70}, 3\frac{28}{70}\right)$$

10
$$(\quad , \quad) \rightarrow \left(2\frac{13}{39}, 2\frac{27}{39}\right)$$

분모의 최소공배수를 공통분모로 하여 통분하세요.

1 $\left(\dfrac{1}{4},\ \dfrac{1}{6}\right)$ ➡ $\left(\dfrac{3}{12},\ \dfrac{2}{12}\right)$

$2\,\underline{)\,4\ \ 6}$
$\ \ \ \ 2\ \ 3$ ➡ 4와 6의 최소공배수: $2 \times 2 \times 3 = 12$

7 $\left(\dfrac{1}{28},\ \dfrac{5}{8}\right)$ ➡ $\left(\quad,\quad\right)$

2 $\left(\dfrac{4}{15},\ \dfrac{9}{10}\right)$ ➡ $\left(\quad,\quad\right)$

8 $\left(\dfrac{6}{7},\ \dfrac{2}{21}\right)$ ➡ $\left(\quad,\quad\right)$

3 $\left(\dfrac{1}{2},\ \dfrac{3}{8}\right)$ ➡ $\left(\quad,\quad\right)$

9 $\left(\dfrac{7}{12},\ \dfrac{7}{9}\right)$ ➡ $\left(\quad,\quad\right)$

4 $\left(\dfrac{10}{21},\ \dfrac{9}{14}\right)$ ➡ $\left(\quad,\quad\right)$

10 $\left(\dfrac{3}{4},\ \dfrac{1}{10}\right)$ ➡ $\left(\quad,\quad\right)$

5 $\left(1\dfrac{7}{12},\ 2\dfrac{5}{16}\right)$ ➡ $\left(\quad,\quad\right)$

11 $\left(2\dfrac{9}{22},\ 3\dfrac{8}{11}\right)$ ➡ $\left(\quad,\quad\right)$

6 $\left(2\dfrac{11}{30},\ 1\dfrac{2}{5}\right)$ ➡ $\left(\quad,\quad\right)$

12 $\left(1\dfrac{7}{16},\ 1\dfrac{13}{20}\right)$ ➡ $\left(\quad,\quad\right)$

1 $\dfrac{5}{9}$ 와 $\dfrac{5}{6}$ 사이의 수 중에서 분모가 18인 분수를 모두 구하세요.

➡ $\dfrac{5}{9} = \dfrac{10}{18}$, $\dfrac{5}{6} = \dfrac{15}{18}$ 이므로

$\dfrac{11}{18}, \dfrac{12}{18}, \dfrac{13}{18}, \dfrac{14}{18}$ 입니다.

답 $\dfrac{11}{18}, \dfrac{12}{18}, \dfrac{13}{18}, \dfrac{14}{18}$

2 $\dfrac{11}{14}$ 과 $\dfrac{7}{8}$ 사이의 수 중에서 분모가 56인 분수를 모두 구하세요.

답 _____

3 $\dfrac{1}{5}$ 과 $\dfrac{3}{13}$ 사이의 수 중에서 분모가 65인 분수를 구하세요.

답 _____

4 $\dfrac{3}{10}$ 과 $\dfrac{5}{12}$ 사이의 수 중에서 분모가 60인 분수를 모두 구하세요.

답 _____

두 수의 크기를 비교하여 ○ 안에 >, =, <를 알맞게 써넣으세요.

1 $\dfrac{2}{5}$ $<$ $\dfrac{1}{2}$

통분↓ 통분↓
$\dfrac{2}{5} = \dfrac{4}{10}$ $<$ $\dfrac{1}{2} = \dfrac{5}{10}$

2 $\dfrac{3}{4}$ ○ $\dfrac{5}{8}$

3 $\dfrac{1}{6}$ ○ $\dfrac{3}{10}$

4 $\dfrac{5}{8}$ ○ $\dfrac{7}{12}$

5 $2\dfrac{8}{9}$ ○ $2\dfrac{3}{4}$

6 $1\dfrac{1}{8}$ ○ $1\dfrac{7}{30}$

7 $\dfrac{5}{6}$ ○ $\dfrac{7}{9}$

8 $\dfrac{8}{15}$ ○ $\dfrac{2}{3}$

9 $\dfrac{1}{12}$ ○ $\dfrac{3}{16}$

10 $\dfrac{8}{11}$ ○ $\dfrac{5}{7}$

11 $1\dfrac{11}{27}$ ○ $1\dfrac{5}{6}$

12 $3\dfrac{4}{25}$ ○ $3\dfrac{2}{15}$

분수의 크기 비교

1부터 9까지의 자연수 중에서 □ 안에 들어갈 수 있는 수를 모두 구하세요.

1

$$\dfrac{\square}{5} < \dfrac{7}{10}$$

➡ 분모 5와 10의 최소공배수 10으로 통분하면

$\dfrac{\square \times 2}{10} < \dfrac{7}{10}$ 이고, □×2 < 7에서

□ 안에 들어갈 수 있는 자연수는 1, 2, 3입니다.

답 ___1, 2, 3___

2

$$\dfrac{\square}{6} < \dfrac{19}{30}$$

답 _____

3

$$\dfrac{\square}{4} < \dfrac{5}{12}$$

답 _____

4

$$\dfrac{16}{21} > \dfrac{\square}{3}$$

답 _____

5

$$\dfrac{49}{72} > \dfrac{\square}{8}$$

답 _____

6

$$\dfrac{17}{60} > \dfrac{\square}{15}$$

답 _____

두 수의 크기를 비교하여 ○ 안에 >, =, <를 알맞게 써넣으세요.

1 $\dfrac{1}{2}$ ⊃ 0.3

↓소수로

분모를 10, 100, 1000으로
고쳐서 소수로 나타내자!

$\dfrac{1}{2} = \dfrac{5}{10} = 0.5$ > 0.3

7   0.2 ◯ $\dfrac{1}{4}$

2 $\dfrac{2}{5}$ ◯ 0.4

8   0.5 ◯ $\dfrac{7}{10}$

3 $\dfrac{3}{4}$ ◯ 0.77

9   0.9 ◯ $\dfrac{3}{5}$

4 $\dfrac{59}{100}$ ◯ 0.54

10   0.525 ◯ $\dfrac{5}{8}$

5 $1\dfrac{13}{20}$ ◯ 1.68

11   5.937 ◯ $5\dfrac{31}{40}$

6 $3\dfrac{2}{25}$ ◯ 3.15

12   2.54 ◯ $2\dfrac{27}{50}$

1 강아지의 무게는 $3\frac{7}{9}$ kg이고, 고양이의 무게는 $3\frac{5}{12}$ kg입니다. 강아지와 고양이 중에서 더 무거운 동물은 무엇인지 구하세요.

답 _____

2 냉장고 안에 주스가 $\frac{4}{5}$ L, 우유가 0.85 L 있습니다. 주스와 우유 중에서 어느 것이 더 적은지 구하세요.

답 _____

3 성우네 집에서 학교까지는 1.52 km이고, 약국까지는 $1\frac{1}{4}$ km입니다. 학교와 약국 중에서 성우네 집에서 더 가까운 곳은 어디인지 구하세요.

답 _____

4 유리는 오늘 $1\frac{3}{10}$시간 동안 책을 읽고, $1\frac{1}{5}$시간 동안 운동을 하고, 1.4시간 동안 피아노 연습을 하였습니다. 책 읽기, 운동하기, 피아노 연습하기 중에서 시간이 가장 오래 걸린 것은 무엇인지 구하세요.

답 _____

1 □ 안에 알맞은 수를 써넣어 크기가 같은 분수를 만드세요.

(1) $\dfrac{3}{7} = \dfrac{6}{\square} = \dfrac{\square}{21} = \dfrac{12}{\square} = \dfrac{\square}{35}$

(2) $\dfrac{32}{40} = \dfrac{\square}{20} = \dfrac{8}{\square} = \dfrac{4}{\square}$

2 약분하여 기약분수로 나타내세요.

(1) $\dfrac{8}{10} =$

(2) $\dfrac{16}{48} =$

(3) $\dfrac{18}{81} =$

(4) $1\dfrac{3}{36} =$

(5) $3\dfrac{20}{24} =$

(6) $2\dfrac{42}{75} =$

3 분모의 최소공배수를 공통분모로 하여 통분하세요.

(1) $\left(\dfrac{5}{8}, \dfrac{1}{6}\right) \Rightarrow \left(\quad , \quad\right)$

(2) $\left(\dfrac{3}{10}, \dfrac{11}{14}\right) \Rightarrow \left(\quad , \quad\right)$

(3) $\left(1\dfrac{1}{3}, 1\dfrac{2}{9}\right) \Rightarrow \left(\quad , \quad\right)$

(4) $\left(3\dfrac{4}{7}, 2\dfrac{3}{4}\right) \Rightarrow \left(\quad , \quad\right)$

4 두 수의 크기를 비교하여 ○ 안에 >, =, <를 알맞게 써넣으세요.

(1) $\dfrac{3}{4} \bigcirc \dfrac{2}{3}$

(2) $\dfrac{5}{9} \bigcirc \dfrac{7}{12}$

(3) $\dfrac{4}{5} \bigcirc 0.7$

5 통분하기 전의 기약분수를 구하세요.

(1) $\left(\quad , \quad \right) \Rightarrow \left(\dfrac{49}{63} , \dfrac{27}{63} \right)$

(2) $\left(\quad , \quad \right) \Rightarrow \left(2\dfrac{7}{56} , 1\dfrac{36}{56} \right)$

6 분모가 10인 진분수 중에서 기약분수를 모두 구하세요.

(   )

7 1부터 9까지의 자연수 중에서 □ 안에 들어갈 수 있는 수를 모두 구하세요.

$$\dfrac{\square}{7} < \dfrac{29}{42}$$

(   )

8 샛별이네 집에서 공원까지는 1.35 km이고, 도서관까지는 $1\dfrac{1}{2}$ km, 놀이터까지는 $1\dfrac{19}{50}$ km입니다. 공원, 도서관, 놀이터 중에서 샛별이네 집에서 가장 먼 곳은 어디인지 구하세요.

(   )

04

분수의 덧셈과 뺄셈

· 학습계열표 ·

이전에 배운 내용

4-2 분수의 덧셈과 뺄셈
• 분모가 같은 분수의 덧셈
• 분모가 같은 분수의 뺄셈

5-1 약분과 통분
• 약분
• 통분

지금 배울 내용

5-1 분수의 덧셈과 뺄셈
• 분모가 다른 분수의 덧셈
• 분모가 다른 분수의 뺄셈

앞으로 배울 내용

5-2 분수의 곱셈
• (분수) × (자연수)
• (자연수) × (분수)
• (분수) × (분수)

· 학습기록표 ·

학습 일차	학습 내용	날짜	맞은 개수	
			연산	응용
DAY 26	**분수의 덧셈①** 분모가 다른 진분수의 덧셈	/	/12	/4
DAY 27	**분수의 덧셈②** 분모가 다른 대분수의 덧셈	/	/11	/4
DAY 28	**분수의 덧셈③** 분모가 다른 분수의 덧셈 종합	/	/12	/4
DAY 29	**분수의 덧셈④** 분모가 다른 분수의 덧셈 종합	/	/12	/3
DAY 30	**분수의 뺄셈①** 분모가 다른 진분수의 뺄셈	/	/12	/4
DAY 31	**분수의 뺄셈②** 분모가 다른 대분수의 뺄셈	/	/12	/4
DAY 32	**분수의 뺄셈③** 분모가 다른 대분수의 뺄셈	/	/12	/4
DAY 33	**분수의 뺄셈④** 분모가 다른 분수의 뺄셈 종합	/	/12	/3
DAY 34	**분수의 덧셈과 뺄셈 종합①**	/	/12	/8
DAY 35	**분수의 덧셈과 뺄셈 종합②**	/	/12	/4
DAY 36	**분수의 덧셈과 뺄셈 활용①** 세 분수의 덧셈과 뺄셈	/	/10	/4
DAY 37	**분수의 덧셈과 뺄셈 활용②** 어떤 수 구하기	/	/9	/4
DAY 38	**마무리 확인**	/		/17

책상에 붙여 놓고
매일매일 기록해요.

4. 분수의 덧셈과 뺄셈

분모가 다른 분수의 덧셈

$$2\overline{)46}$$
$$23 \rightarrow \text{4와 6의 최소공배수: } 2 \times 2 \times 3 = 12$$

	통분	+		계산 결과

$$\frac{1}{4} + \frac{1}{6} \overset{\text{❶}}{=} \frac{3}{12} + \frac{2}{12} \overset{\text{❷}}{=} \frac{3+2}{12} \overset{\text{❹}}{=} \frac{5}{12}$$

$$\frac{3}{4} + \frac{5}{6} \overset{\text{❶}}{=} \frac{9}{12} + \frac{10}{12} \overset{\text{❷}}{=} \frac{19}{12} \overset{\text{❸}}{=} 1\frac{7}{12}$$

$$1\frac{1}{4} + 1\frac{1}{6} \overset{\text{❶}}{=} 1\frac{3}{12} + 1\frac{2}{12} \overset{\text{❷}}{=} 2 + \frac{5}{12} \overset{\text{❹}}{=} 2\frac{5}{12}$$

받아올림

$$1\frac{3}{4} + 1\frac{5}{6} \overset{\text{❶}}{=} 1\frac{9}{12} + 1\frac{10}{12} \overset{\text{❷}}{=} 2 + \frac{19}{12} \overset{\text{❸}}{=} 2 + 1\frac{7}{12} \overset{\text{❹}}{=} 3\frac{7}{12}$$

개념 순서 정리

❶ 통분합니다.

❷ 자연수는 자연수끼리, 진분수는 진분수끼리 더합니다.
   진분수끼리의 덧셈은 분모는 그대로 두고 분자끼리 더합니다.

❸ 진분수끼리의 합이 가분수이면 대분수로 나타냅니다.

❹ 답은 대분수, 기약분수로 나타냅니다.

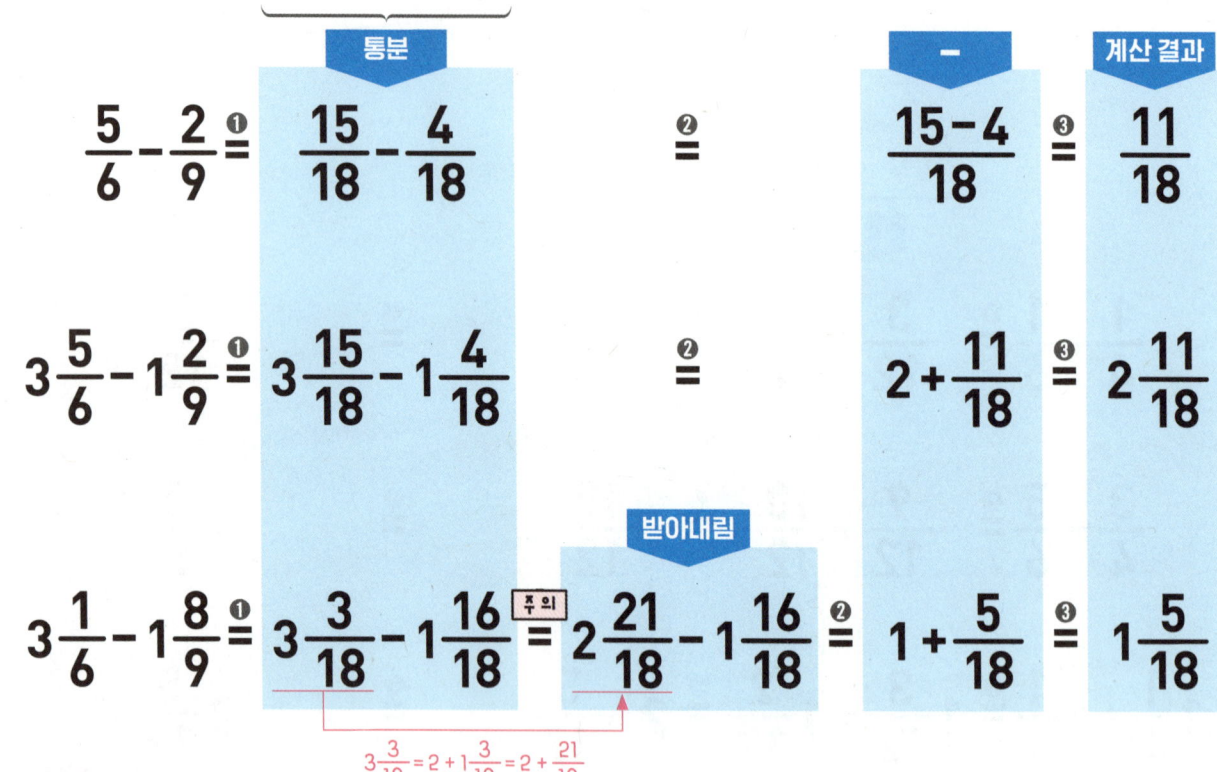

$$3\,\overline{)\,6\,\,9\,}$$
$$2\,\,\,3 \rightarrow 6과 9의 최소공배수: 3 \times 2 \times 3 = 18$$

통분

−

계산 결과

$$\frac{5}{6} - \frac{2}{9} \,❶= \frac{15}{18} - \frac{4}{18} \qquad ❷= \qquad \frac{15-4}{18} \,❸= \frac{11}{18}$$

$$3\frac{5}{6} - 1\frac{2}{9} \,❶= 3\frac{15}{18} - 1\frac{4}{18} \qquad ❷= \qquad 2+\frac{11}{18} \,❸= 2\frac{11}{18}$$

받아내림

$$3\frac{1}{6} - 1\frac{8}{9} \,❶= 3\frac{3}{18} - 1\frac{16}{18} \,\boxed{주의}= 2\frac{21}{18} - 1\frac{16}{18} \,❷= 1+\frac{5}{18} \,❸= 1\frac{5}{18}$$

$$3\frac{3}{18} = 2 + 1\frac{3}{18} = 2 + \frac{21}{18}$$

개념 순서
정리

❶ 통분합니다.

❷ 자연수는 자연수끼리, 진분수는 진분수끼리 뺍니다.

　진분수끼리의 뺄셈은 분모는 그대로 두고 분자끼리 뺍니다.

　$\boxed{주의}$ 이때 진분수끼리 뺄 수 없으면 자연수에서 1을 받아내림합니다.

❸ 답은 대분수, 기약분수로 나타냅니다.

1 $\dfrac{1}{4}+\dfrac{3}{10}=\dfrac{5}{20}+\dfrac{6}{20}=\dfrac{11}{20}$

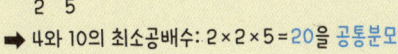

$\begin{array}{r} 2\,)\,\underline{4\ \ 10} \\ 2\ \ 5 \end{array}$

➡ 4와 10의 최소공배수: $2\times2\times5=20$을 공통분모로!

2 $\dfrac{1}{5}+\dfrac{1}{7}=$

공통분모: $5\times7=35$

3 $\dfrac{4}{9}+\dfrac{1}{8}=$

4 $\dfrac{4}{45}+\dfrac{2}{5}=$

5 $\dfrac{2}{15}+\dfrac{7}{12}=$

6 $\dfrac{1}{4}+\dfrac{1}{25}=$

합이 가분수이면 대분수로!

7 $\dfrac{2}{3}+\dfrac{1}{2}=\dfrac{4}{6}+\dfrac{3}{6}=\dfrac{7}{6}=1\dfrac{1}{6}$

8 $\dfrac{3}{4}+\dfrac{6}{11}=$

9 $\dfrac{4}{9}+\dfrac{2}{3}=$

10 $\dfrac{9}{10}+\dfrac{11}{12}=$

11 $\dfrac{5}{6}+\dfrac{5}{8}=$

12 $\dfrac{12}{13}+\dfrac{6}{7}=$

1 $\dfrac{7}{9}$에 $\dfrac{1}{6}$을 더한 수는 얼마인지 구하세요.

식

답 _____

2 $\dfrac{4}{11}$보다 $\dfrac{2}{33}$ 큰 수는 얼마인지 구하세요.

식

답 _____

3 연두색 끈과 빨간색 끈의 길이의 합은 몇 m인지 구하세요.

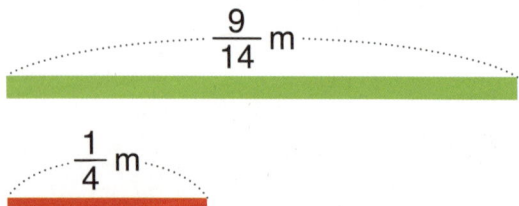

식

답 _____

4 ㉮ 막대의 길이가 $\dfrac{4}{5}$ m일 때, ㉯ 막대의 길이는 몇 m인지 구하세요.

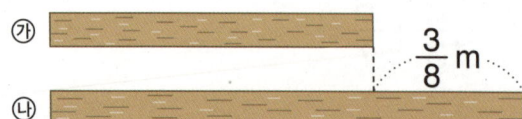

식

답 _____

1 $1\dfrac{1}{10}+3\dfrac{5}{16}=1\dfrac{8}{80}+3\dfrac{25}{80}=4\dfrac{33}{80}$

진분수끼리

자연수끼리

2 $1\dfrac{1}{8}+1\dfrac{1}{4}=$

3 $2\dfrac{1}{4}+8\dfrac{3}{7}=$

4 $6\dfrac{3}{5}+1\dfrac{1}{3}=$

5 $3\dfrac{2}{3}+2\dfrac{2}{9}=$

6 $2\dfrac{5}{14}+1\dfrac{2}{21}=$

7 $1\dfrac{1}{2}+2\dfrac{3}{5}=1\dfrac{5}{10}+2\dfrac{6}{10}=3\dfrac{11}{10}$

$=4\dfrac{1}{10}$

진분수의 합이 가분수이면 대분수로!
$\dfrac{11}{10}=1\dfrac{1}{10}$ 이므로 $3\dfrac{11}{10}=4\dfrac{1}{10}$

주의

8 $2\dfrac{5}{6}+5\dfrac{7}{10}=$

9 $1\dfrac{13}{18}+1\dfrac{4}{9}=$

10 $4\dfrac{8}{11}+4\dfrac{3}{4}=$

11 $5\dfrac{11}{12}+1\dfrac{5}{18}=$

1 우유를 준서는 $\dfrac{1}{2}$ L 마셨고, 형은 $\dfrac{2}{3}$ L 마셨습니다.

준서와 형이 마신 우유는 모두 몇 L인지 구하세요.

식

답 _____

---

2 통에 콩이 $2\dfrac{9}{20}$ kg 담겨 있습니다.

여기에 콩을 $\dfrac{1}{6}$ kg 더 넣었습니다.

통 안에 담긴 콩은 몇 kg이 되었는지 구하세요.

식

답 _____

---

3 어제 강수량은 $3\dfrac{5}{12}$ mm이고,

오늘 강수량은 $1\dfrac{7}{24}$ mm입니다.

어제와 오늘 강수량은 모두 몇 mm인지 구하세요.

식

답 _____

---

4 현지네 집에서 도서관을 거쳐 공원까지 가는 거리는 몇 km
인지 구하세요.

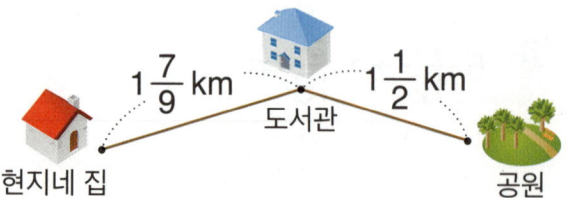

식

답 _____

1 $\dfrac{1}{5}+\dfrac{1}{10}=\dfrac{2}{10}+\dfrac{1}{10}=\dfrac{3}{10}$

두 분모가 약수와 배수의 관계이면
배수 = 최소공배수

2 $\dfrac{5}{6}+\dfrac{1}{2}=$

3 $\dfrac{2}{3}+\dfrac{11}{15}=$

4 $1\dfrac{7}{24}+1\dfrac{3}{8}=$

5 $3\dfrac{1}{7}+1\dfrac{8}{49}=$

6 $\dfrac{21}{50}+\dfrac{4}{25}=$

7 $\dfrac{7}{8}+\dfrac{5}{6}=\dfrac{21}{24}+\dfrac{20}{24}=\dfrac{41}{24}=1\dfrac{17}{24}$

$$2\,)\underline{\,8\ \ 6\,}$$
$$\quad\ 4\ \ 3$$
➡ 8과 6의 최소공배수: 2×4×3=24

8 $\dfrac{3}{14}+\dfrac{29}{35}=$

9 $\dfrac{1}{20}+\dfrac{7}{12}=$

10 $\dfrac{1}{15}+\dfrac{1}{18}=$

11 $1\dfrac{7}{10}+2\dfrac{3}{4}=$

12 $2\dfrac{11}{16}+2\dfrac{9}{40}=$

1 지은이는 주말농장에서
앵두를 $\dfrac{5}{11}$ kg, 블루베리를 $\dfrac{2}{7}$ kg 땄습니다.
지은이가 딴 앵두와 블루베리의 무게는
모두 몇 kg인지 구하세요.

식

답 _____

2 인호는 딸기잼을 만드는 데
설탕을 처음에 $1\dfrac{1}{4}$컵 넣고, 끓이면서 $\dfrac{1}{6}$컵 더 넣었습니다.
딸기잼을 만드는 데 넣은 설탕은 모두 몇 컵인지 구하세요.

식

답 _____

3 다연이네 가족이 할머니 댁에 가는 데
버스를 $1\dfrac{2}{15}$시간 동안 탔고, 기차를 $2\dfrac{3}{5}$시간 동안 탔습니다.
버스와 기차를 탄 시간은 모두 몇 시간인지 구하세요.

식

답 _____

4 색 테이프를 두 도막으로 자른 다음 길이를 재어 보았더니
한 도막은 $1\dfrac{5}{8}$ m, 다른 한 도막은 $1\dfrac{7}{10}$ m였습니다.
자르기 전 색 테이프의 길이는 몇 m인지 구하세요.

식

답 _____

1 $\dfrac{1}{3} + \dfrac{2}{5} =$

7 $2\dfrac{25}{28} + 2\dfrac{3}{4} =$

2 $1\dfrac{7}{20} + \dfrac{1}{10} =$

8 $\dfrac{3}{14} + 4\dfrac{5}{12} =$

3 $2\dfrac{5}{12} + 1\dfrac{5}{6} =$

9 $\dfrac{4}{7} + \dfrac{3}{8} =$

4 $\dfrac{11}{24} + \dfrac{27}{40} =$

10 $5\dfrac{8}{11} + \dfrac{9}{10} =$

5 $\dfrac{9}{13} + 3\dfrac{1}{2} =$

11 $4\dfrac{2}{9} + 3\dfrac{1}{12} =$

6 $1\dfrac{1}{9} + 7\dfrac{25}{72} =$

12 $2\dfrac{1}{6} + 6\dfrac{12}{13} =$

계산이 처음으로 잘못된 곳을 찾아 ∨표 하고, 바르게 계산하세요.

1

$$\frac{2}{3} + \frac{7}{10} = \frac{20}{30} + \frac{70}{30}$$

$$= \frac{90}{30} = 3$$

바른 계산

$$\frac{2}{3} + \frac{7}{10} =$$

2

$$2\frac{3}{7} + 1\frac{2}{5} = 10\frac{15}{35} + 1\frac{14}{35}$$

$$= 11\frac{29}{35}$$

바른 계산

$$2\frac{3}{7} + 1\frac{2}{5} =$$

3

$$3\frac{5}{8} + 4\frac{11}{14} = 3\frac{35}{56} + 4\frac{44}{56}$$

$$= 7\frac{79}{56} = 7\frac{23}{56}$$

바른 계산

$$3\frac{5}{8} + 4\frac{11}{14} =$$

1 $\dfrac{7}{12} - \dfrac{1}{10} = \dfrac{35}{60} - \dfrac{6}{60} = \dfrac{29}{60}$

2) 12 10
  6 5
➡ 12와 10의 최소공배수: 2×6×5=60

2 $\dfrac{1}{2} - \dfrac{1}{16} =$

3 $\dfrac{6}{7} - \dfrac{3}{4} =$

4 $\dfrac{3}{20} - \dfrac{7}{50} =$

5 $\dfrac{5}{12} - \dfrac{1}{5} =$

6 $\dfrac{8}{9} - \dfrac{4}{11} =$

7 $\dfrac{5}{7} - \dfrac{5}{14} =$

8 $\dfrac{4}{15} - \dfrac{1}{6} =$

9 $\dfrac{2}{3} - \dfrac{8}{13} =$

10 $\dfrac{8}{21} - \dfrac{3}{14} =$

11 $\dfrac{5}{8} - \dfrac{7}{40} =$

12 $\dfrac{13}{16} - \dfrac{2}{5} =$

1 $\frac{2}{3}$에서 $\frac{2}{9}$를 뺀 수는 얼마인지 구하세요.

식

답 _____

2 $\frac{5}{8}$보다 $\frac{4}{7}$ 작은 수는 얼마인지 구하세요.

식

답 _____

3 두 리본의 길이의 차는 몇 m인지 구하세요.

식

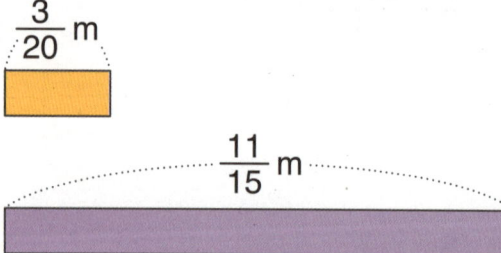

답 _____

4 ㉮ 막대의 길이가 $\frac{9}{14}$ m일 때, ㉯ 막대의 길이는 몇 m인지 구하세요.

식

답 _____

DAY 31

분수의 뺄셈 ② 분모가 다른 대분수의 뺄셈

연산 up

1 $2\frac{5}{8}-1\frac{3}{32}=2\frac{20}{32}-1\frac{3}{32}=1\frac{17}{32}$

진분수끼리

자연수끼리

2 $5\frac{3}{5}-4\frac{1}{3}=$

3 $3\frac{8}{9}-3\frac{2}{21}=$

4 $1\frac{16}{21}-1\frac{2}{7}=$

5 $2\frac{9}{13}-1\frac{7}{20}=$

6 $5\frac{17}{30}-3\frac{11}{20}=$

7 $2\frac{9}{10}-2\frac{1}{4}=$

8 $3\frac{5}{6}-1\frac{3}{7}=$

9 $4\frac{11}{13}-3\frac{7}{9}=$

10 $5\frac{9}{14}-3\frac{3}{10}=$

11 $1\frac{7}{8}-1\frac{4}{15}=$

12 $4\frac{80}{99}-2\frac{6}{11}=$

1 쿠키를 만드는 데 필요한 밀가루는 $\dfrac{5}{6}$ 컵입니다.

찬혁이가 가지고 있는 밀가루가 $\dfrac{11}{24}$ 컵이라면

밀가루가 몇 컵 더 필요한지 구하세요.

식

답 _____

2 민지는 주말농장에서 방울토마토를 $1\dfrac{7}{8}$ kg 땄고,

파프리카는 방울토마토보다 $\dfrac{3}{7}$ kg 적게 땄습니다.

민지가 딴 파프리카는 몇 kg인지 구하세요.

식

답 _____

3 시훈이는 미술 시간에 길이가 $5\dfrac{5}{18}$ m인 철사 중에서

$3\dfrac{2}{15}$ m를 사용했습니다.

남은 철사는 몇 m인지 구하세요.

식

답 _____

4 어제 태희는 $2\dfrac{4}{5}$ 시간 동안 책을 읽었고,

민국이는 태희보다 $1\dfrac{7}{40}$ 시간 적게 읽었습니다.

민국이는 어제 몇 시간 동안 책을 읽었는지 구하세요.

식

답 _____

1 $3\frac{1}{8} - 1\frac{7}{10} = 3\frac{5}{40} - 1\frac{28}{40}$

$= 2\frac{45}{40} - 1\frac{28}{40} = 1\frac{17}{40}$

 주의

진분수끼리 뺄 수 없으므로
자연수에서 $1 = \frac{40}{40}$ 을 받아내림하기!

2 $3\frac{5}{14} - 2\frac{1}{2} =$

3 $3\frac{5}{6} - 2\frac{10}{11} =$

4 $4\frac{4}{7} - 1\frac{3}{5} =$

5 $5\frac{2}{3} - 4\frac{25}{27} =$

6 $4\frac{1}{6} - 2\frac{1}{4} =$

7 $2\frac{1}{9} - 1\frac{1}{2} =$

8 $4\frac{9}{16} - 3\frac{11}{12} =$

9 $7\frac{7}{8} - 4\frac{15}{16} =$

10 $2\frac{1}{30} - 1\frac{2}{25} =$

11 $3\frac{2}{3} - 1\frac{11}{14} =$

12 $5\frac{3}{10} - 4\frac{39}{100} =$

1 귤을 담은 바구니의 무게는 $2\frac{1}{14}$ kg입니다.

귤의 무게가 $1\frac{3}{4}$ kg이라면

빈 바구니의 무게는 몇 kg인지 구하세요.

식

답 _____

---

2 냉장고에 오렌지 주스 $2\frac{9}{10}$ L가 있었습니다.

소율이와 친구들이 오렌지 주스를 마시고

남은 양이 $1\frac{15}{16}$ L일 때

소율이와 친구들이 마신 오렌지 주스는 몇 L인지 구하세요.

식

답 _____

---

3 연우는 쿠키를 만들기 위해 밀가루를 $3\frac{5}{12}$ 컵 넣었다가

$1\frac{6}{7}$ 컵을 덜어 냈습니다.

연우가 사용한 밀가루는 몇 컵인지 구하세요.

식

답 _____

---

4 병원과 박물관 중 찬빈이네 집에서 어느 곳이 몇 km 더 가까운지 구하세요.

병원 $1\frac{32}{63}$ km $2\frac{4}{9}$ km 박물관

찬빈이네 집

식

답 _____ , _____

33 분수의 뺄셈④ 분모가 다른 분수의 뺄셈 종합

1 $\dfrac{14}{15} - \dfrac{3}{5} =$

2 $3\dfrac{1}{3} - 2\dfrac{4}{7} =$

3 $2 - \dfrac{5}{8} =$

4 $6\dfrac{2}{9} - 3\dfrac{3}{4} =$

5 $\dfrac{5}{11} - \dfrac{3}{55} =$

6 $4\dfrac{11}{20} - 1\dfrac{7}{10} =$

7 $1\dfrac{1}{6} - 1\dfrac{1}{8} =$

8 $5\dfrac{7}{12} - \dfrac{2}{3} =$

9 $\dfrac{3}{4} - \dfrac{4}{13} =$

10 $3 - \dfrac{9}{20} =$

11 $2\dfrac{2}{5} - \dfrac{13}{16} =$

12 $3\dfrac{9}{28} - 1\dfrac{11}{14} =$

계산이 처음으로 잘못된 곳을 찾아 ∨표 하고, 바르게 계산하세요.

1

$$\frac{7}{12} - \frac{1}{2} = \frac{7}{12} - \frac{1}{12}$$

$$= \frac{6}{12} = \frac{1}{2}$$

바른 계산

$$\frac{7}{12} - \frac{1}{2} =$$

2

$$2\frac{3}{8} - \frac{4}{9} = 2\frac{27}{72} - \frac{32}{72}$$

$$= 2\frac{99}{72} - \frac{32}{72}$$

$$= 2\frac{67}{72}$$

바른 계산

$$2\frac{3}{8} - \frac{4}{9} =$$

3

$$3\frac{4}{21} - 1\frac{5}{6} = 3\frac{8}{42} - 1\frac{35}{42}$$

$$= 2\frac{43}{42} - 1\frac{35}{42}$$

$$= 1\frac{8}{42} = 1\frac{4}{21}$$

바른 계산

$$3\frac{4}{21} - 1\frac{5}{6} =$$

1   $\dfrac{1}{20} + \dfrac{1}{50} =$

2   $1\dfrac{3}{4} + 1\dfrac{1}{6} =$

3   $\dfrac{4}{7} + 2\dfrac{2}{3} =$

4   $2\dfrac{2}{9} + \dfrac{7}{10} =$

5   $\dfrac{1}{12} + \dfrac{1}{3} =$

6   $1\dfrac{1}{3} + 1\dfrac{2}{9} =$

7   $\dfrac{5}{6} - \dfrac{1}{10} =$

8   $3\dfrac{9}{11} - \dfrac{3}{4} =$

9   $\dfrac{3}{4} - \dfrac{2}{5} =$

10   $5\dfrac{17}{28} - 4\dfrac{5}{8} =$

11   $2\dfrac{5}{12} - \dfrac{7}{8} =$

12   $4\dfrac{5}{36} - 2\dfrac{43}{72} =$

| 거꾸로 계산하는 문제 |

□ 안에 들어갈 수를 구하세요.

1

$$\boxed{} \xrightarrow[-\frac{1}{3}]{+\frac{1}{3}} \boxed{\frac{4}{7}}$$

➡ $\boxed{} = \dfrac{4}{7} - \dfrac{1}{3} = \dfrac{5}{21}$

5

$$\boxed{} \xrightarrow{-1\frac{5}{12}} \boxed{\frac{5}{9}}$$

➡ $\boxed{} = $ _____

2

$$\boxed{} \xrightarrow{-\frac{3}{16}} \boxed{\frac{1}{4}}$$

➡ $\boxed{} = $ _____

6

$$\boxed{} \xrightarrow{+\frac{2}{45}} \boxed{\frac{1}{5}}$$

➡ $\boxed{} = $ _____

3

$$\boxed{} \xrightarrow{+\frac{7}{10}} \boxed{\frac{14}{15}}$$

➡ $\boxed{} = $ _____

7

$$\boxed{} \xrightarrow{-2\frac{5}{6}} \boxed{1\frac{8}{11}}$$

➡ $\boxed{} = $ _____

4

$$\boxed{} \xrightarrow{-\frac{4}{21}} \boxed{\frac{7}{8}}$$

➡ $\boxed{} = $ _____

8

$$\boxed{} \xrightarrow{+\frac{7}{12}} \boxed{\frac{23}{30}}$$

➡ $\boxed{} = $ _____

1   $2\dfrac{3}{4}+\dfrac{5}{9}=$

2   $3\dfrac{7}{16}-1\dfrac{1}{8}=$

3   $\dfrac{5}{12}+\dfrac{3}{16}=$

4   $1\dfrac{2}{5}-\dfrac{5}{7}=$

5   $1\dfrac{6}{7}+2\dfrac{1}{2}=$

6   $2-\dfrac{1}{20}=$

7   $\dfrac{1}{24}+4\dfrac{1}{18}=$

8   $\dfrac{5}{7}-\dfrac{2}{11}=$

9   $1\dfrac{3}{4}+\dfrac{19}{20}=$

10   $5\dfrac{1}{6}-2\dfrac{8}{9}=$

11   $\dfrac{9}{10}+\dfrac{1}{5}=$

12   $4-1\dfrac{3}{16}=$

| 수 카드로 대분수 만들어 합 또는 차 구하는 문제 |

1 3장의 수 카드를 한 번씩만 사용하여 만들 수 있는 가장 작은 대분수와 가장 큰 대분수의 합을 구하세요.

`2` `3` `5`

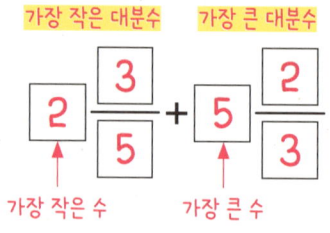

가장 작은 대분수 · 가장 큰 대분수

$2\dfrac{3}{5} + 5\dfrac{2}{3}$

가장 작은 수 · 가장 큰 수

답 _____

2 3장의 수 카드를 한 번씩만 사용하여 만들 수 있는 가장 큰 대분수와 가장 작은 대분수의 차를 구하세요.

`1` `4` `7`

답 _____

3 4장의 수 카드 중에서 3장을 골라 한 번씩만 사용하여 만들 수 있는 가장 큰 대분수와 가장 작은 대분수의 합을 구하세요.

`2` `4` `7` `9`

답 _____

4 수아와 태웅이는 각자 가지고 있는 수 카드를 한 번씩만 사용하여 가장 작은 대분수를 만들려고 합니다. 두 사람이 만들 수 있는 가장 작은 대분수의 차를 구하세요.

수아 `1` `3` `8`   태웅 `2` `5` `7`

답 _____

1   $\dfrac{1}{2} + \dfrac{1}{3} + \dfrac{1}{6} =$

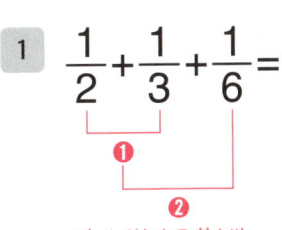

앞에서부터 두 분수씩
차례로 계산해!

2   $1\dfrac{2}{3} - \dfrac{4}{9} - \dfrac{1}{18} =$

3   $\dfrac{11}{15} + \dfrac{2}{5} + \dfrac{3}{4} =$

4   $\dfrac{7}{8} - \dfrac{1}{4} - \dfrac{3}{5} =$

5   $1\dfrac{9}{10} + \dfrac{2}{3} + 2\dfrac{4}{15} =$

6   $\dfrac{4}{5} + \dfrac{1}{2} - \dfrac{3}{10} =$

세 분모 5, 2, 10의
최소공배수는 10이므로
한꺼번에 계산해도 돼.

7   $1\dfrac{5}{12} - \dfrac{5}{6} + \dfrac{1}{4} =$

8   $1\dfrac{1}{4} + 2\dfrac{2}{3} - \dfrac{2}{5} =$

9   $3 - 1\dfrac{1}{5} + \dfrac{13}{20} =$

10   $\dfrac{1}{2} + 3\dfrac{6}{11} - 1\dfrac{7}{8} =$

┃ 겹치게 이어 붙인 색 테이프의 전체 길이 구하는 문제 ┃

1 길이가 $2\frac{1}{4}$ m인 색 테이프 2장을 그림과 같이 $\frac{5}{6}$ m 겹치게 이어 붙였습니다. 이어 붙인 색 테이프의 전체 길이는 몇 m인지 구하세요.

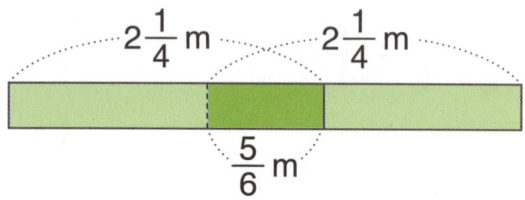

➡ (이어 붙인 색 테이프의 전체 길이)
$= 2\frac{1}{4} + 2\frac{1}{4} - \frac{5}{6} = 3\frac{2}{3}$ (m)

답 _____ $3\frac{2}{3}$ m

3 길이가 $5\frac{2}{3}$ m와 $4\frac{7}{10}$ m인 색 테이프 2장을 그림과 같이 $\frac{8}{9}$ m 겹치게 이어 붙였습니다. 이어 붙인 색 테이프의 전체 길이는 몇 m인지 구하세요.

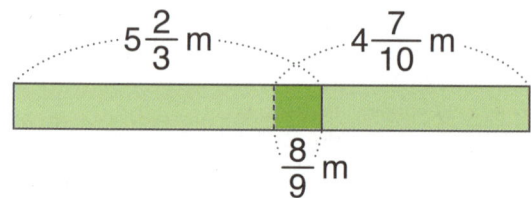

답 _____

2 길이가 $6\frac{3}{8}$ m인 색 테이프 2장을 그림과 같이 $1\frac{1}{2}$ m 겹치게 이어 붙였습니다. 이어 붙인 색 테이프의 전체 길이는 몇 m인지 구하세요.

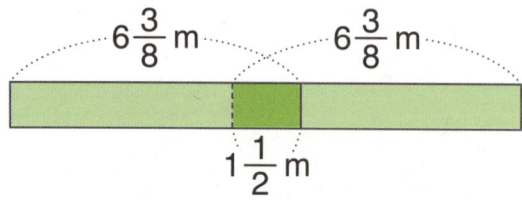

답 _____

4 길이가 $2\frac{1}{12}$ m와 $3\frac{2}{5}$ m인 색 테이프 2장을 그림과 같이 $\frac{13}{30}$ m 겹치게 이어 붙였습니다. 이어 붙인 색 테이프의 전체 길이는 몇 m인지 구하세요.

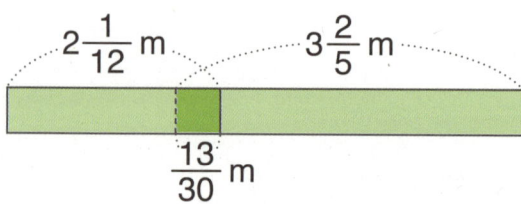

답 _____

어떤 수 구하기

□ 안에 알맞은 수를 구하세요.

1 $\square + \dfrac{5}{12} = \dfrac{7}{8}$

➡ $\square = \dfrac{7}{8} - \dfrac{5}{12} = \dfrac{11}{24}$

바로개념

분수의 덧셈과 뺄셈의 관계는
자연수의 덧셈과 뺄셈의 관계와 같아.

$\square + 3 = 7 \Rightarrow \square = 7 - 3 = 4$

$4 + \square = 7 \Rightarrow \square = \underline{\hspace{2cm}} = \underline{\hspace{1cm}}$

$\square - 3 = 4 \Rightarrow \square = \underline{\hspace{2cm}} = \underline{\hspace{1cm}}$

$7 - \square = 3 \Rightarrow \square = \underline{\hspace{2cm}} = \underline{\hspace{1cm}}$

2 $\dfrac{1}{2} + \square = \dfrac{9}{10}$

➡ $\square =$

6 $\square - \dfrac{5}{6} = \dfrac{3}{4}$

➡ $\square = \dfrac{3}{4} + \dfrac{5}{6} = 1\dfrac{7}{12}$

3 $\square + \dfrac{1}{4} = \dfrac{1}{3}$

➡ $\square =$

7 $\dfrac{9}{20} - \square = \dfrac{13}{30}$

➡ $\square =$

4 $4\dfrac{2}{5} + \square = 6\dfrac{3}{4}$

➡ $\square =$

8 $\square - 1\dfrac{3}{8} = 1\dfrac{2}{9}$

➡ $\square =$

5 $\square + \dfrac{4}{9} = \dfrac{7}{12}$

➡ $\square =$

9 $\dfrac{11}{14} - \square = \dfrac{4}{7}$

➡ $\square =$

어떤 수를 □라 하여 식을 세워 답을 구하세요.

---

1 어떤 수에 $\dfrac{7}{9}$을 더했더니 $\dfrac{19}{24}$가 되었습니다.

어떤 수는 얼마인지 구하세요.

➡ $\square + \dfrac{7}{9} = \dfrac{19}{24}$

→ $\square = \dfrac{19}{24} - \dfrac{7}{9} = \dfrac{1}{72}$

답 $\dfrac{1}{72}$

---

2 어떤 수에서 $1\dfrac{3}{4}$을 뺐더니 $1\dfrac{1}{3}$이 되었습니다.

어떤 수는 얼마인지 구하세요.

답 _____

---

3 $\dfrac{5}{6}$에서 어떤 수를 뺐더니 $\dfrac{3}{8}$이 되었습니다.

어떤 수는 얼마인지 구하세요.

답 _____

---

4 어떤 수에 $\dfrac{2}{3}$를 더해야 할 것을

잘못하여 뺐더니 $\dfrac{4}{15}$가 되었습니다.

바르게 계산하면 얼마인지 구하세요.

답 _____

1 계산하여 기약분수로 나타내세요.

(1) $1\dfrac{1}{9} + 1\dfrac{4}{15} =$

(2) $\dfrac{19}{28} - \dfrac{1}{12} =$

(3) $4\dfrac{2}{5} - 2\dfrac{2}{3} =$

(4) $1\dfrac{5}{6} + \dfrac{7}{16} =$

(5) $\dfrac{1}{10} + \dfrac{1}{11} =$

(6) $1\dfrac{10}{21} - \dfrac{3}{7} =$

(7) $2 - \dfrac{1}{8} - \dfrac{3}{56} =$

(8) $\dfrac{3}{4} + \dfrac{1}{2} - \dfrac{5}{6} =$

2 ☐ 안에 알맞은 수를 써넣으세요.

(1) $\dfrac{5}{12} + \boxed{} = \dfrac{6}{7}$

(2) $\boxed{} - \dfrac{4}{5} = \dfrac{17}{20}$

(3) $\boxed{} + \dfrac{3}{10} = 3\dfrac{11}{15}$

(4) $2\dfrac{1}{4} - \boxed{} = 1\dfrac{13}{18}$

3 준명이는 보라색 페인트를 만들기 위해 빨간색 페인트 $\frac{13}{20}$컵과 파란색 페인트 $\frac{5}{8}$컵을 사용했습니다. 준명이가 사용한 페인트는 모두 몇 컵인지 구하세요.

(   )

4 예지는 마트에서 방울토마토를 $2\frac{5}{6}$ kg 담았다가 $\frac{2}{7}$ kg을 덜어 내고 샀습니다. 예지가 산 방울토마토는 몇 kg인지 구하세요.

(   )

5 길이가 $4\frac{3}{4}$ m와 $2\frac{11}{24}$ m인 색 테이프 2장을 그림과 같이 $\frac{7}{8}$ m 겹치게 이어 붙였습니다. 이어 붙인 색 테이프의 전체 길이는 몇 m인지 구하세요.

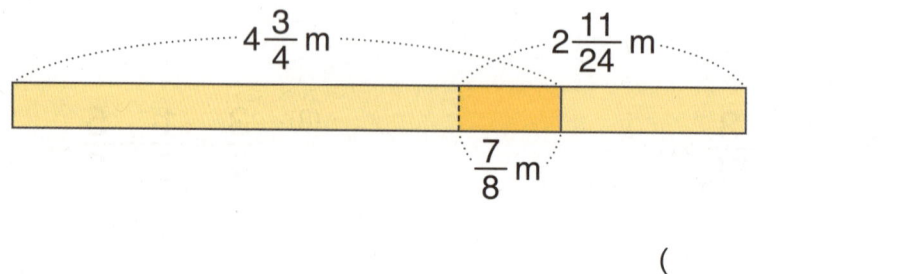

(   )

6 수 카드 9 , 5 , 4 를 한 번씩만 사용하여 만들 수 있는 가장 큰 대분수와 가장 작은 대분수의 합을 구하세요.

(   )

7 어떤 수에서 $\frac{9}{10}$를 빼야 할 것을 잘못하여 더했더니 $3\frac{1}{12}$이 되었습니다. 바르게 계산하면 얼마인지 구하세요.

(   )

05
다각형의 둘레와 넓이

· 학습기록표 ·

학습 일차	학습 내용	날짜	맞은 개수	
			연산	응용
DAY 39	**둘레①** 정다각형의 둘레	/	/7	/5
DAY 40	**둘레②** 사각형의 둘레	/	/7	/6
DAY 41	**둘레③** 둘레 종합	/	/8	/5
DAY 42	**넓이①** 직사각형, 평행사변형의 넓이	/	/7	/6
DAY 43	**넓이②** 삼각형, 마름모의 넓이	/	/8	/6
DAY 44	**넓이③** 사다리꼴의 넓이	/	/7	/6
DAY 45	**넓이④** 넓이 종합	/	/8	/5
DAY 46	**넓이⑤** 넓이 종합	/	/6	/4
DAY 47	**둘레와 넓이 활용①** 헷갈리는 도형의 넓이	/	/8	/6
DAY 48	**둘레와 넓이 활용②** 직각으로 이루어진 도형의 둘레	/	/6	/6
DAY 49	**둘레와 넓이 활용③** 복합 도형의 넓이	/	/6	/6
DAY 50	**마무리 확인**	/		/14

책상에 붙여 놓고
매일매일 기록해요.

5. 다각형의 둘레와 넓이

▶ 정다각형의 둘레

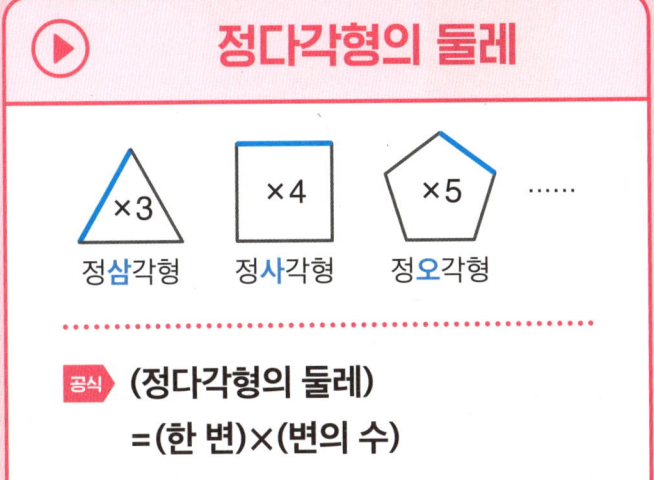

공식▶ (정다각형의 둘레)
= (한 변)×(변의 수)

▶ 직사각형의 둘레

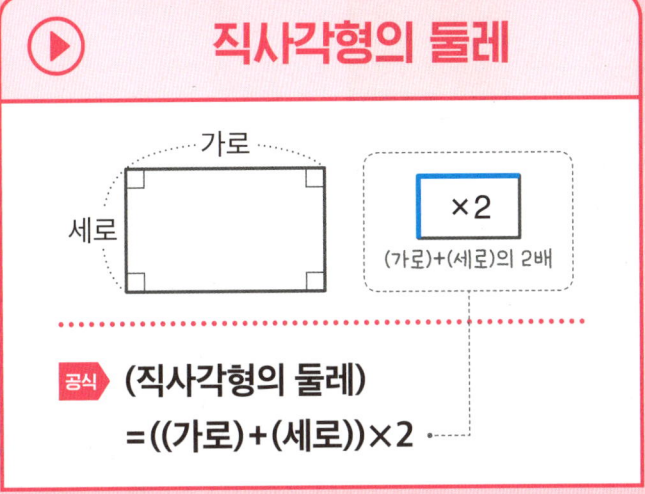

공식▶ (직사각형의 둘레)
= ((가로)+(세로))×2

▶ 평행사변형의 둘레

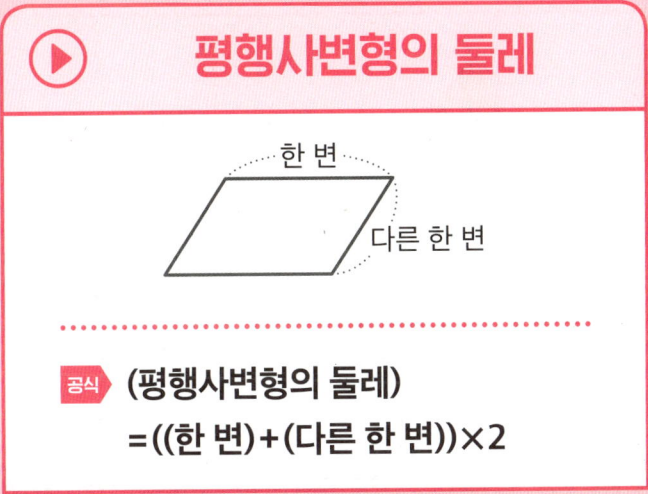

공식▶ (평행사변형의 둘레)
= ((한 변)+(다른 한 변))×2

▶ 마름모의 둘레

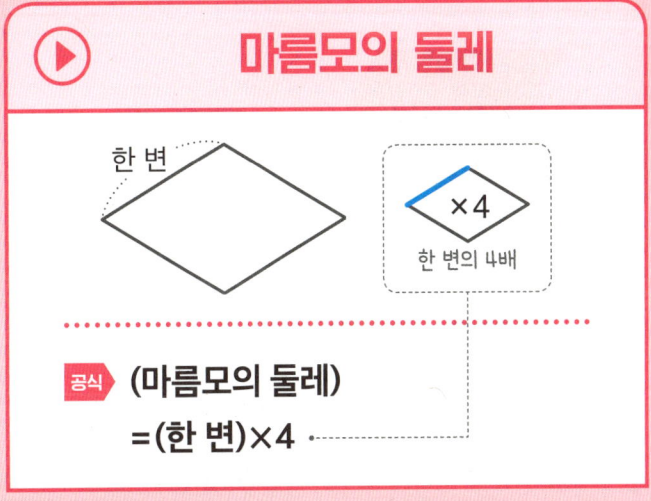

공식▶ (마름모의 둘레)
= (한 변)×4

▶ 넓이의 단위

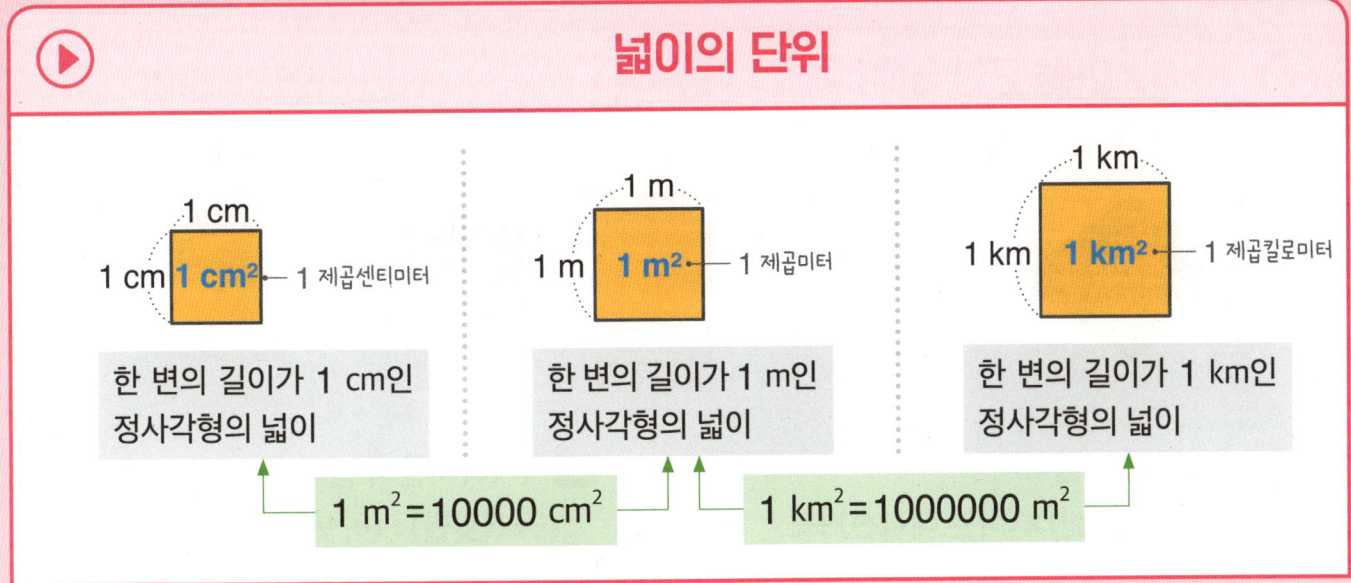

한 변의 길이가 1 cm인 정사각형의 넓이

한 변의 길이가 1 m인 정사각형의 넓이

한 변의 길이가 1 km인 정사각형의 넓이

$1 m^2 = 10000 cm^2$

$1 km^2 = 1000000 m^2$

▶ 직사각형의 넓이

공식 (직사각형의 넓이)
= (가로) × (세로)

▶ 정사각형의 넓이

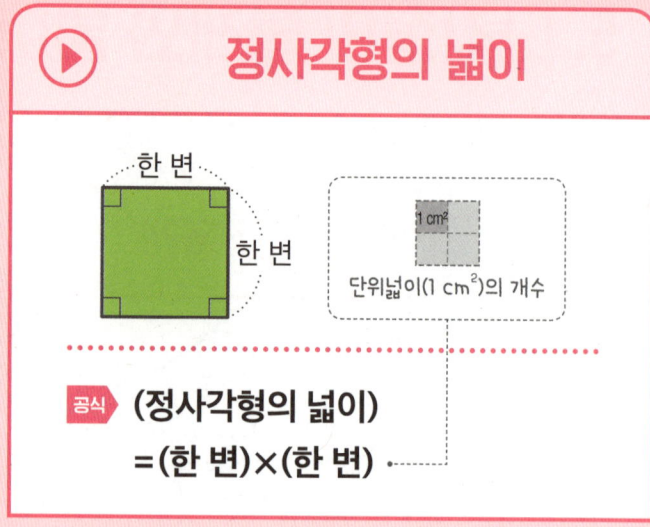

공식 (정사각형의 넓이)
= (한 변) × (한 변)

▶ 평행사변형의 넓이

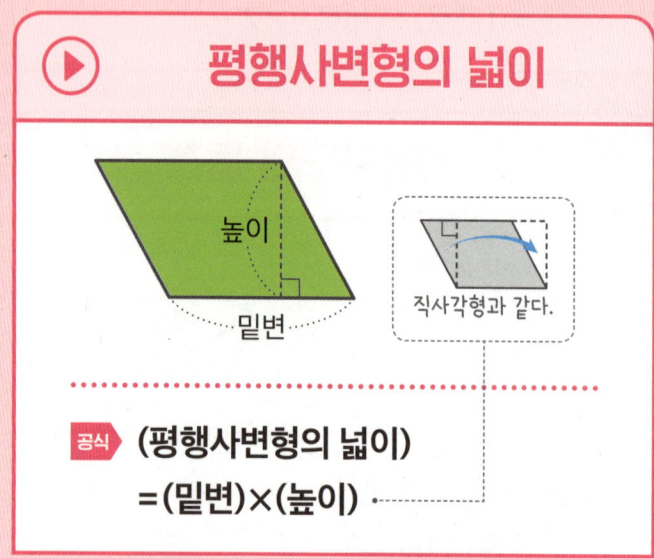

공식 (평행사변형의 넓이)
= (밑변) × (높이)

▶ 삼각형의 넓이

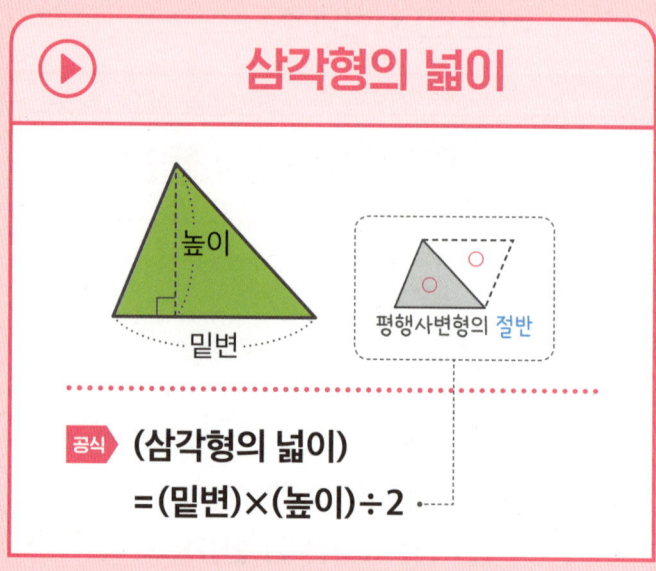

공식 (삼각형의 넓이)
= (밑변) × (높이) ÷ 2

▶ 마름모의 넓이

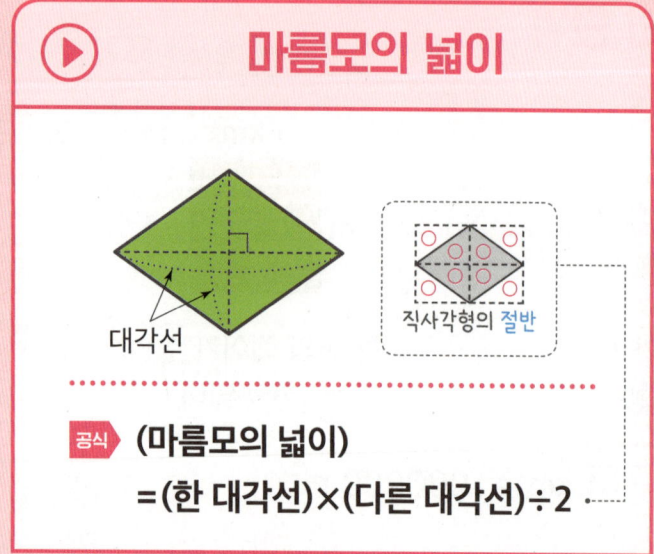

공식 (마름모의 넓이)
= (한 대각선) × (다른 대각선) ÷ 2

▶ 사다리꼴의 넓이

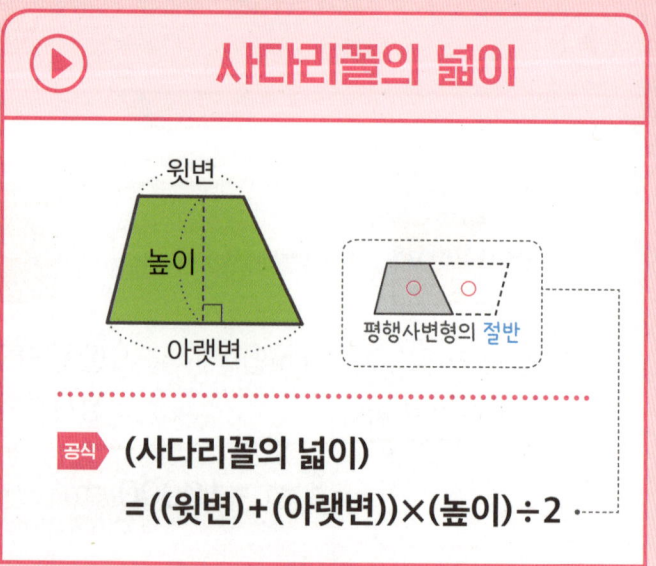

공식 (사다리꼴의 넓이)
= ((윗변) + (아랫변)) × (높이) ÷ 2

정다각형의 둘레를 구하세요.

1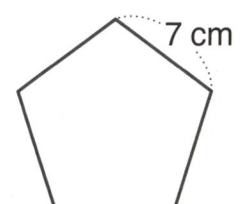

➡ (정오각형의 둘레)
= 7 × 5 = 35 (cm)

35 cm

바로 개념

정오각형에서 (둘레) = (한 변) × 5

2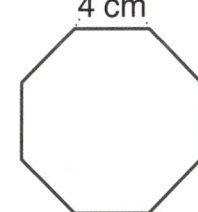

_____

5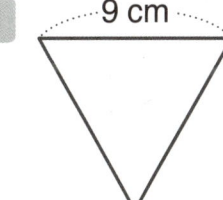

_____

3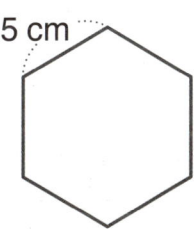

_____

6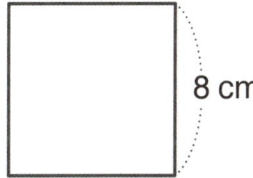

_____

4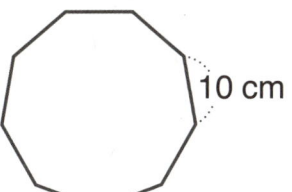

_____

7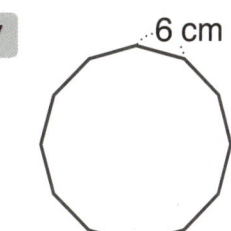

_____

정다각형의 둘레가 다음과 같을 때 한 변의 길이를 구하세요.

1

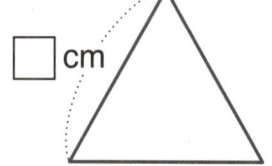 cm   둘레: 15 cm

➡ □ = (정삼각형의 한 변)
　　 = 15 ÷ 3 = 5

정삼각형에서 (둘레) = (한 변) × 3

➡ (한 변) = (둘레) ÷ □

답 ___5 cm___

2

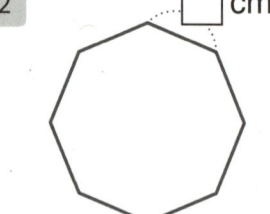 cm   둘레: 24 cm

답 _____

4

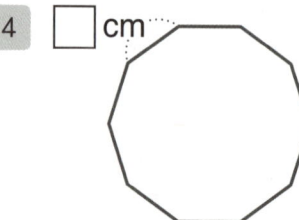 cm   둘레: 60 cm

답 _____

3

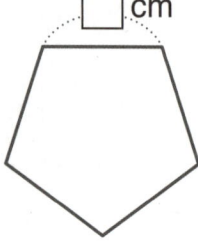 cm   둘레: 45 cm

답 _____

5

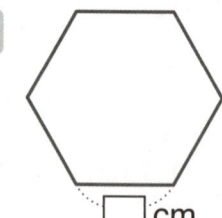 둘레: 42 cm

cm

답 _____

둘레 ② 사각형의 둘레

사각형의 둘레를 구하세요.

- (정사각형의 둘레) = (한 변) × ☐
- (마름모의 둘레) = (한 변) × ☐
- (직사각형의 둘레) = ((가로) + (세로)) × ☐
- (평행사변형의 둘레) = ((한 변) + (다른 한 변)) × ☐

1

6 cm
정사각형

➡ (정사각형의 둘레)
= 6 × 4 = 24 (cm)

24 cm

2
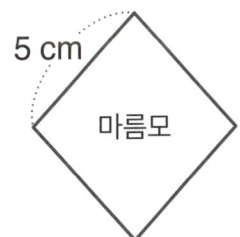
5 cm
마름모

_____

5
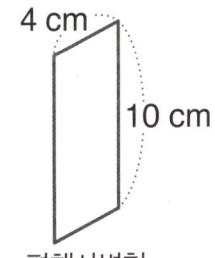
4 cm
10 cm
평행사변형

_____

3

정사각형
7 cm

_____

6

8 cm
직사각형
5 cm

_____

4

9 cm
마름모

_____

7
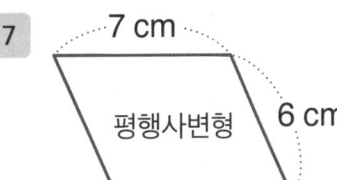
7 cm
평행사변형
6 cm

_____

사각형의 둘레가 다음과 같을 때 □ 안에 알맞은 수를 써넣으세요.

1

10 cm

정사각형의 둘레: 40 cm

➡ □ = 40 ÷ 4 = 10

4

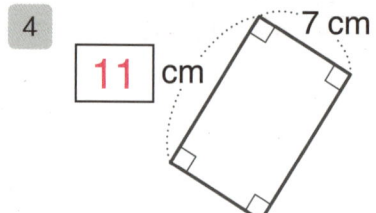

11 cm   7 cm

직사각형의 둘레: 36 cm

➡ 7 + □ = 36 ÷ 2 = 18

→ □ = 18 - 7 = 11

2

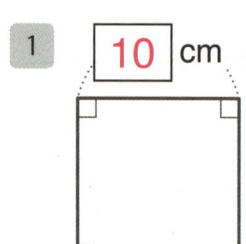

□ cm

바로 개념

(한 변) = (둘레) ÷ □

마름모의 둘레: 28 cm

5

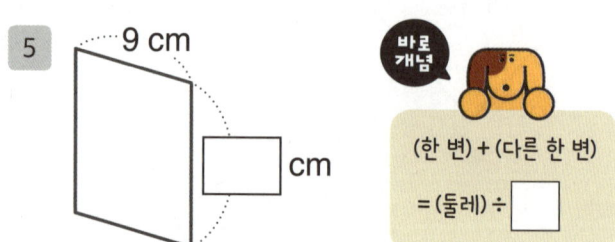

9 cm

□ cm

바로 개념

(한 변) + (다른 한 변)

= (둘레) ÷ □

평행사변형의 둘레: 42 cm

3

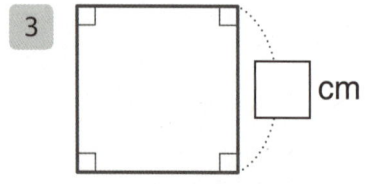

□ cm

정사각형의 둘레: 36 cm

6

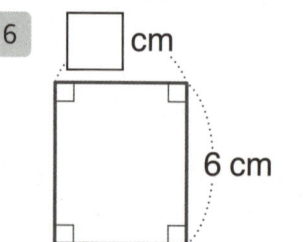

□ cm

6 cm

직사각형의 둘레: 22 cm

정다각형, 사각형의 둘레를 구하세요.

1
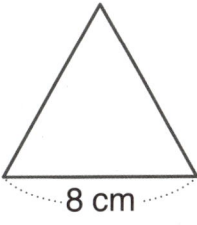

8 cm

_____

5

4 cm

7 cm 직사각형

_____

2
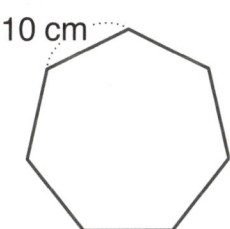

10 cm

_____

6
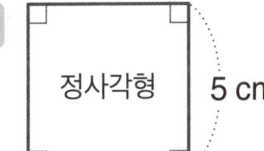

정사각형 5 cm

_____

3
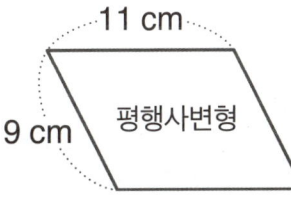

11 cm

9 cm 평행사변형

_____

7

14 cm

마름모

_____

4

6 cm

마름모

_____

8
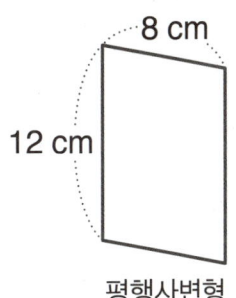

8 cm

12 cm

평행사변형

_____

1 한 변의 길이가 **3 cm**인 마름모의 둘레는 몇 **cm**인지 구하세요.

➡ (마름모의 둘레)
= 3 × 4 = 12 (cm)

답 ___12 cm___

2 한 변의 길이가 **5 cm**이고, 다른 한 변의 길이가 **10 cm**인 평행사변형의 둘레는 몇 **cm**인지 구하세요.

답 _____

3 가로가 **7 cm**, 세로가 **2 cm**인 직사각형의 둘레는 몇 **cm**인지 구하세요.

답 _____

4 어느 리듬체조 경기장은 한 변의 길이가 **13 m**인 정사각형 모양입니다. 이 리듬체조 경기장의 둘레는 몇 **m**인지 구하세요.

단위 주의!

답 _____

5 가로가 **11 cm**이고, 세로가 가로보다 **5 cm** 짧은 직사각형의 둘레는 몇 **cm**인지 구하세요.

답 _____

직사각형, 평행사변형의 넓이를 구하세요.

- (직사각형의 넓이) = (가로) × (__세로__)
- (평행사변형의 넓이) = (밑변) × (_____)

1

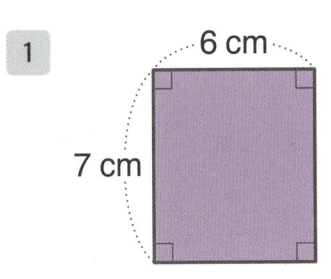

6 cm
7 cm

➡ (직사각형의 넓이)
　　= 6 × 7 = 42 (cm²)

__42 cm²__

2

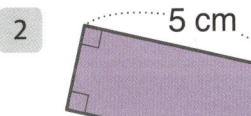

5 cm
2 cm

_____

5

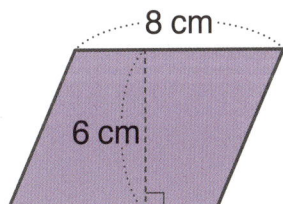

8 cm
6 cm

_____

3

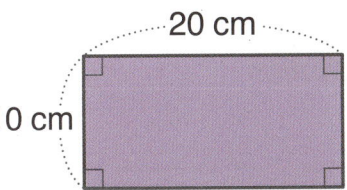

20 cm
10 cm

_____

6

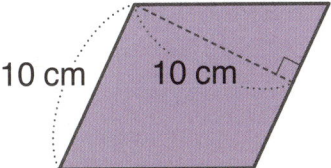

10 cm　10 cm

_____

4

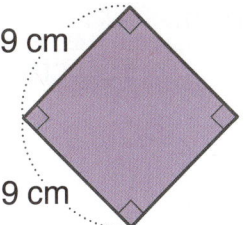

9 cm
9 cm

_____

7

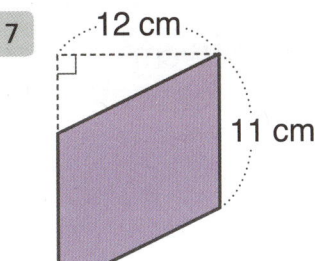

12 cm
11 cm

_____

직사각형, 평행사변형의 넓이가 다음과 같을 때 □ 안에 알맞은 수를 써넣으세요.

1
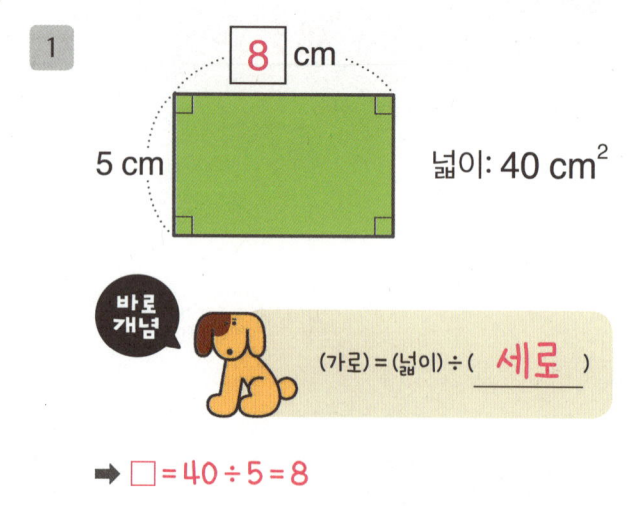
8 cm
5 cm
넓이: 40 cm²

바로 개념
(가로) = (넓이) ÷ (세로)

➡ □ = 40 ÷ 5 = 8

4
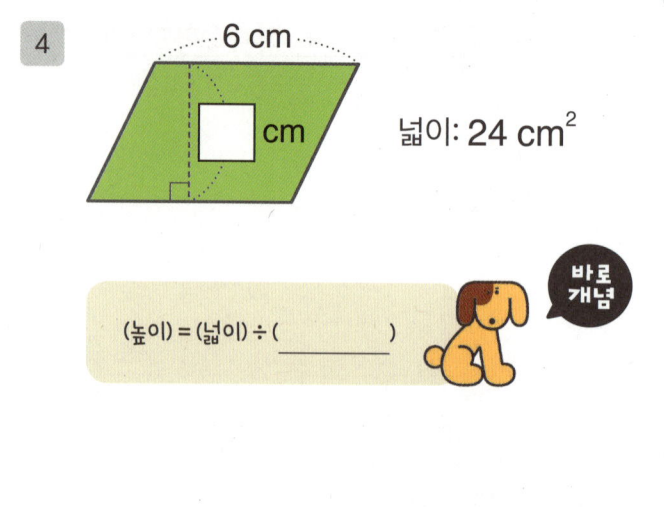
6 cm
□ cm
넓이: 24 cm²

바로 개념
(높이) = (넓이) ÷ (_____)

2
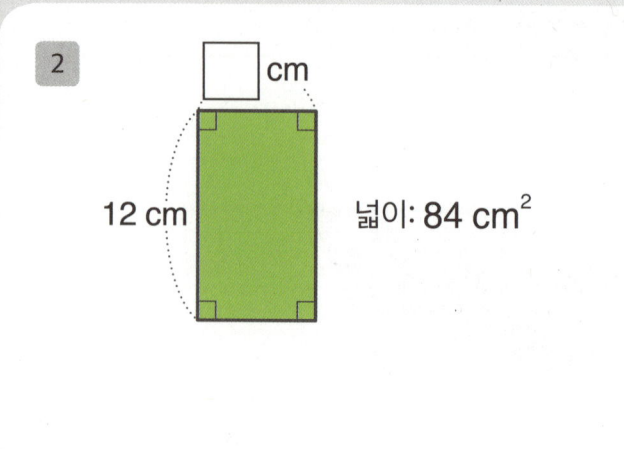
□ cm
12 cm
넓이: 84 cm²

5
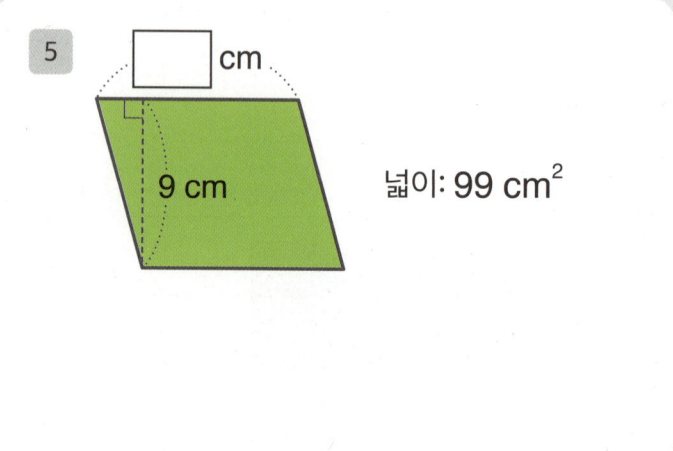
□ cm
9 cm
넓이: 99 cm²

3
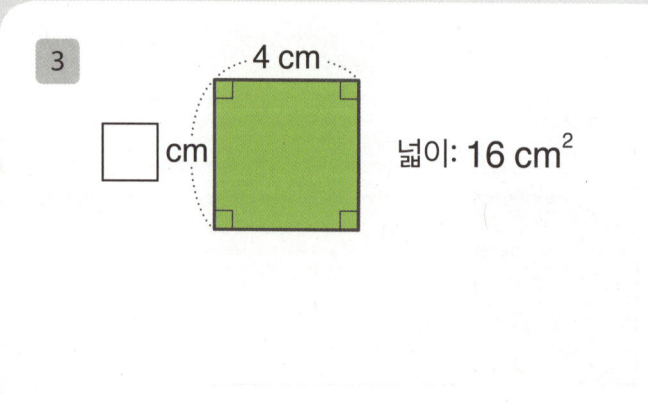
4 cm
□ cm
넓이: 16 cm²

6
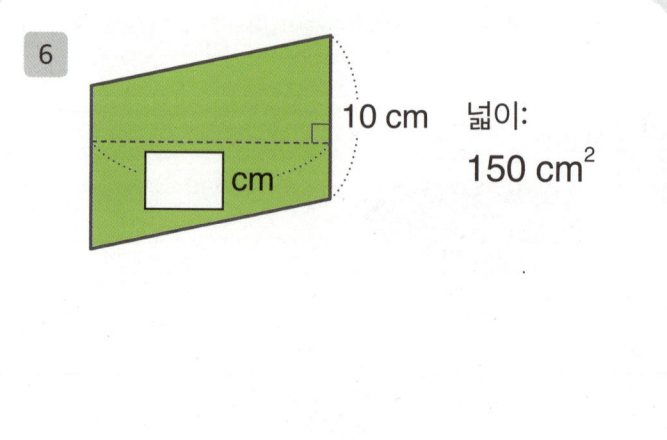
10 cm
□ cm
넓이: 150 cm²

삼각형, 마름모의 넓이를 구하세요.

1

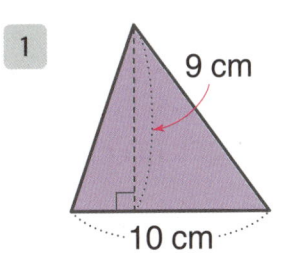

➡ (삼각형의 넓이)
$= 10 \times 9 \div 2 = 45 \,(\text{cm}^2)$

바로 개념

(삼각형의 넓이) = (_____) × (높이) ÷ □

45 cm²

5

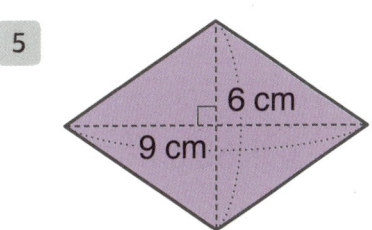

바로 개념

(마름모의 넓이) = (한 대각선) × (다른 대각선) ÷ □

_____

2

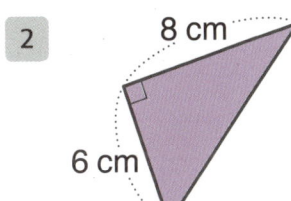

8 cm
6 cm

_____

6

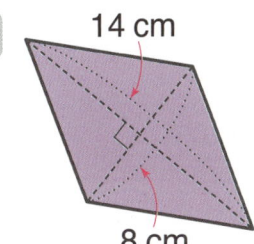

14 cm
8 cm

_____

3

2 cm
5 cm

_____

7

12 cm
17 cm

_____

4

8 cm
8 cm

_____

8

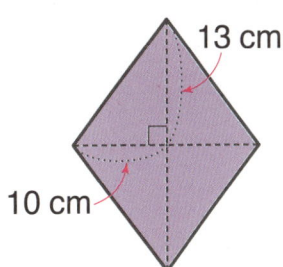

13 cm
10 cm

_____

삼각형, 마름모의 넓이가 다음과 같을 때 □ 안에 알맞은 수를 써넣으세요.

1

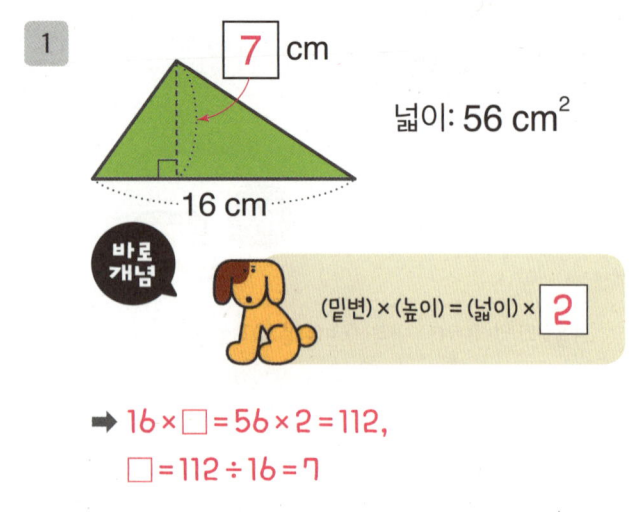

7 cm

16 cm

넓이: 56 cm²

바로 개념

(밑변) × (높이) = (넓이) × 2

➡ 16 × □ = 56 × 2 = 112,
□ = 112 ÷ 16 = 7

4

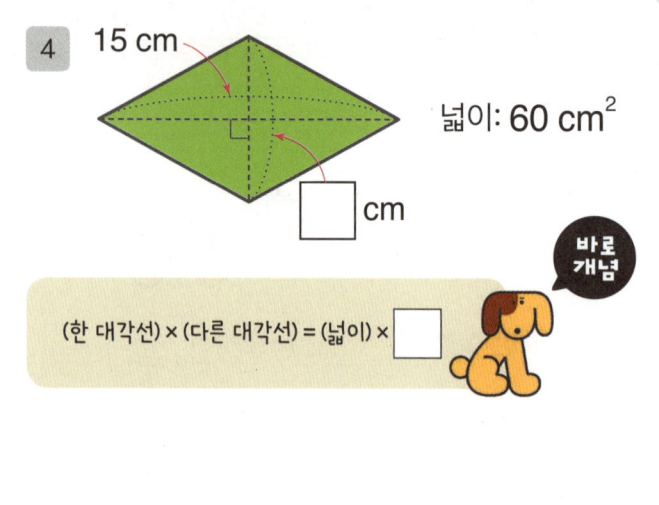

15 cm

넓이: 60 cm²

□ cm

바로 개념

(한 대각선) × (다른 대각선) = (넓이) × □

2

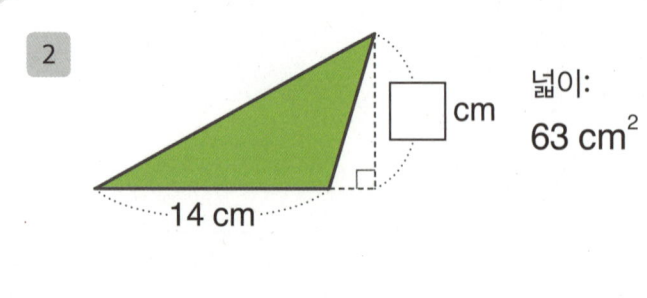

□ cm

14 cm

넓이: 63 cm²

5

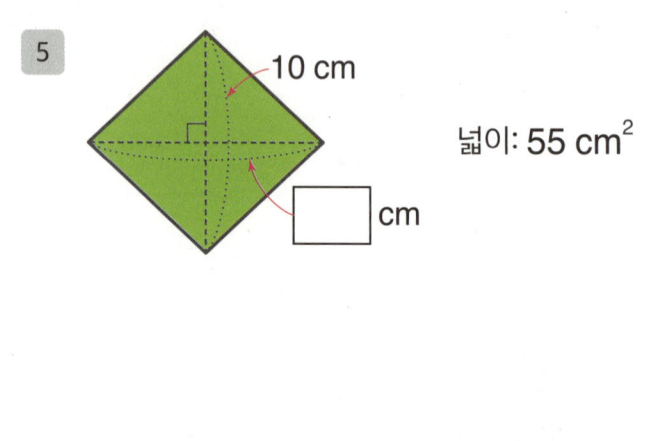

10 cm

□ cm

넓이: 55 cm²

3

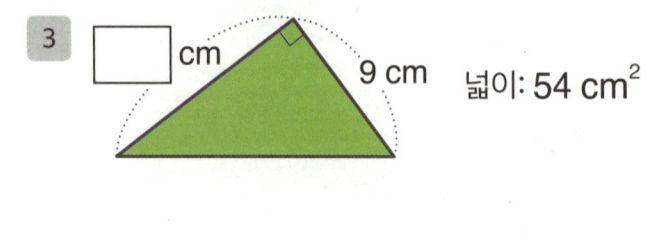

□ cm

9 cm

넓이: 54 cm²

6

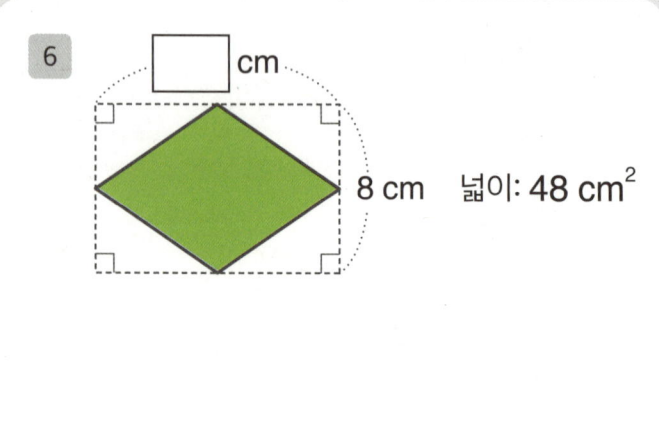

□ cm

8 cm

넓이: 48 cm²

사다리꼴의 넓이를 구하세요.

1
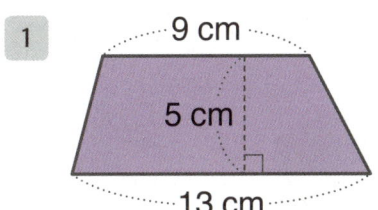
9 cm
5 cm
13 cm

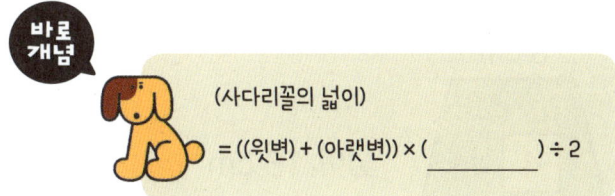
바로
개념

(사다리꼴의 넓이)
= ((윗변) + (아랫변)) × (_____) ÷ 2

➡ (사다리꼴의 넓이)
= (9 + 13) × 5 ÷ 2 = 55 (cm²)

55 cm²

2
5 cm
5 cm
7 cm

_____

5
11 cm
15 cm
15 cm

_____

3
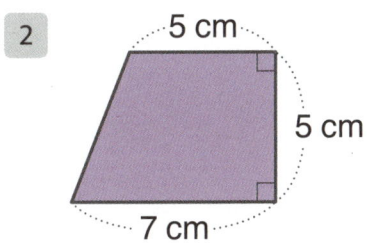
12 cm
7 cm   8 cm

_____

6
12 cm
10 cm
8 cm

_____

4
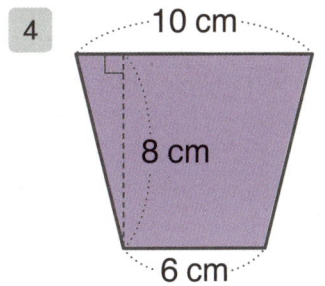
10 cm
8 cm
6 cm

_____

7
14 cm
6 cm
7 cm

_____

응용 UP 넓이 ③

사다리꼴의 넓이가 다음과 같을 때 □ 안에 알맞은 수를 써넣으세요.

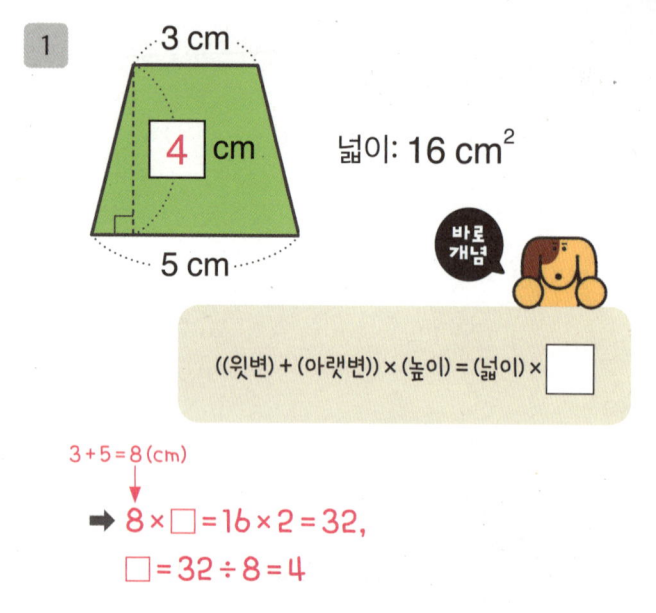

1 3 cm / 4 cm / 5 cm 넓이: 16 cm²

바로 개념

((윗변) + (아랫변)) × (높이) = (넓이) × □

3 + 5 = 8 (cm)

➡ 8 × □ = 16 × 2 = 32,
   □ = 32 ÷ 8 = 4

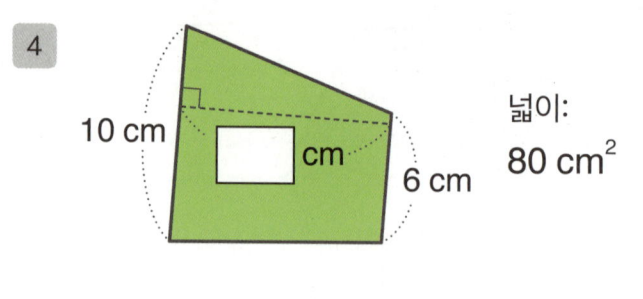

4 10 cm / cm / 6 cm 넓이: 80 cm²

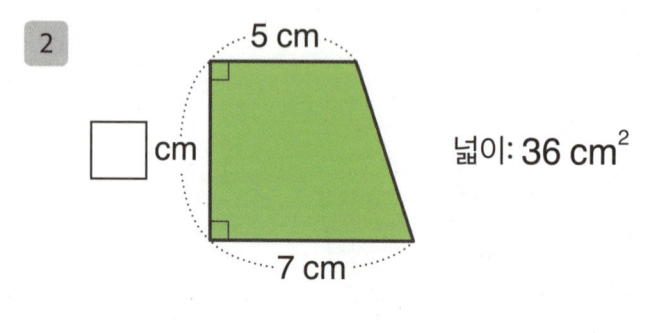

2 □ cm / 5 cm / 7 cm 넓이: 36 cm²

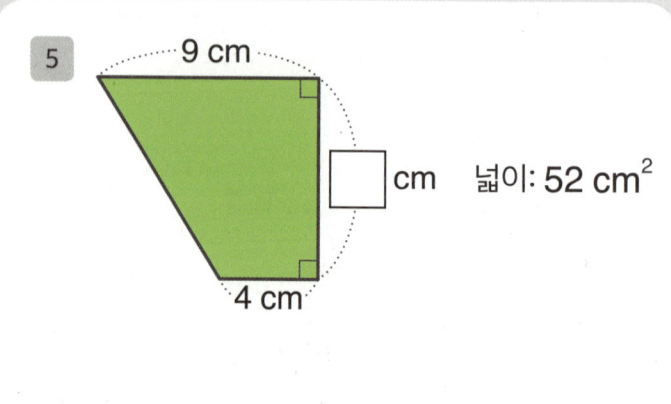

5 9 cm / cm / 4 cm 넓이: 52 cm²

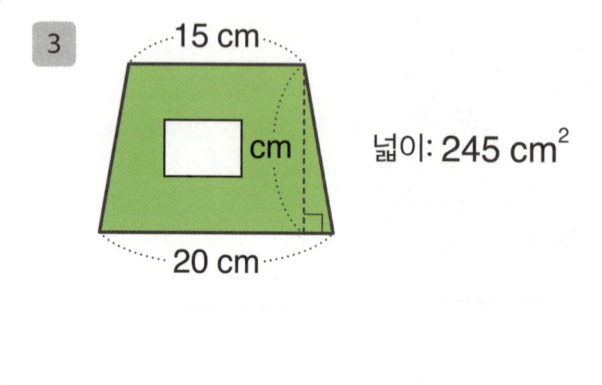

3 15 cm / cm / 20 cm 넓이: 245 cm²

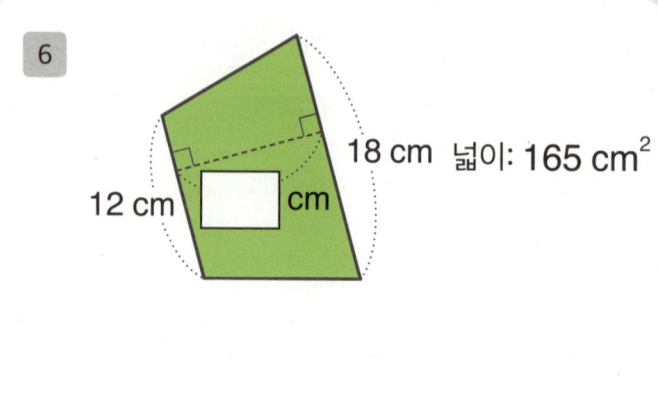

6 12 cm / cm / 18 cm 넓이: 165 cm²

다각형의 넓이를 구하세요.

1
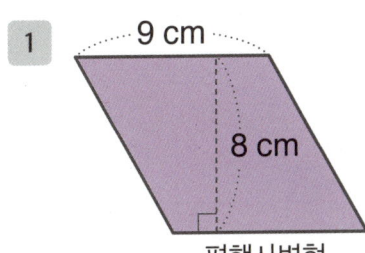

9 cm

8 cm

평행사변형

_____

5
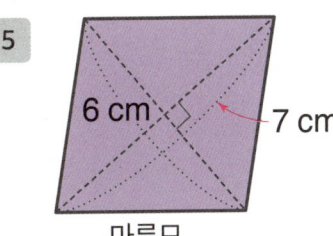

6 cm — 7 cm

마름모

_____

2
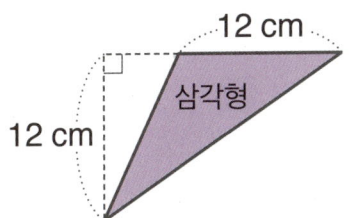

12 cm

삼각형

12 cm

_____

6
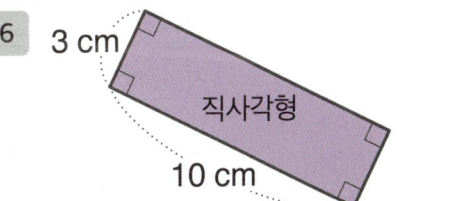

3 cm

직사각형

10 cm

_____

3
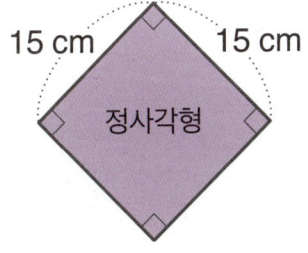

15 cm   15 cm

정사각형

_____

7
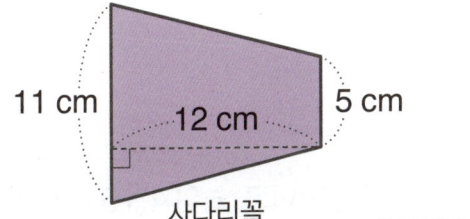

11 cm   12 cm   5 cm

사다리꼴

_____

4
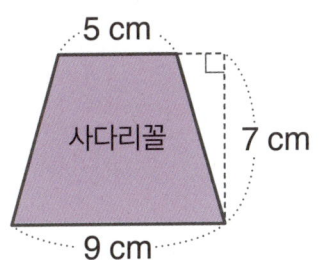

5 cm

사다리꼴   7 cm

9 cm

_____

8
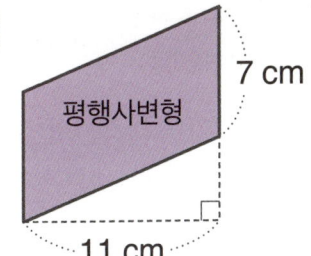

7 cm

평행사변형

11 cm

_____

1　한 변의 길이가 7 cm인 정사각형의 넓이는 몇 cm²인지
구하세요.

답 _____

2　윗변의 길이가 15 cm, 아랫변의 길이가 8 cm이고, 높이
가 10 cm인 사다리꼴의 넓이는 몇 cm²인지 구하세요.

답 _____

3　밑변의 길이가 9 cm이고, 높이가 10 cm인 삼각형의 넓이
는 몇 cm²인지 구하세요.

답 _____

4　밑변의 길이가 6 cm이고, 높이가 15 cm인 평행사변형의
넓이는 몇 cm²인지 구하세요.

답 _____

5　한 대각선의 길이가 20 cm, 다른 대각선의 길이가 13 cm
인 마름모의 넓이는 몇 cm²인지 구하세요.

답 _____

다각형의 둘레와 넓이를 구하세요.

1

7 cm
11 cm 직사각형

둘레와 넓이는
공식도 다르고
단위도 다르므로
주의해!
주의

➡ 둘레: _____

넓이: _____

4

17 cm
8 cm
10 cm
평행사변형

➡ 둘레: _____

넓이: _____

2

8 cm
8 cm 정사각형

➡ 둘레: _____

넓이: _____

5

16 cm
마름모
12 cm
10 cm

➡ 둘레: _____

넓이: _____

3

12 cm
삼각형
5 cm
13 cm

➡ 둘레: _____

넓이: _____

6

20 cm
직사각형
9 cm

➡ 둘레: _____

넓이: _____

1 다음과 같은 직사각형 모양의 배구 경기장의 넓이는 몇 m²인지 구하세요.

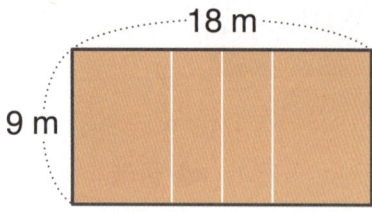

18 m

9 m

➡ (배구 경기장의 넓이)
= (직사각형의 넓이)

= _____

답 _____

3 다음과 같은 마름모 모양의 과수원의 넓이는 몇 m²인지 구하세요.

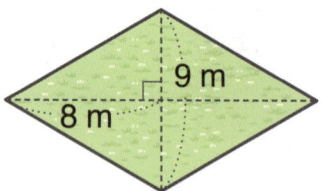

9 m

8 m

답 _____

2 다음과 같은 직사각형 모양의 축구 경기장의 넓이는 몇 m²인지 구하세요.

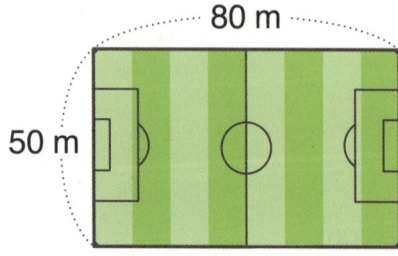

80 m

50 m

답 _____

4 다음과 같은 사다리꼴 모양의 꽃밭의 넓이는 몇 m²인지 구하세요.

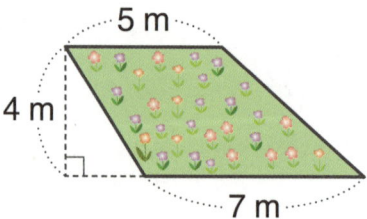

5 m

4 m

7 m

답 _____

평행사변형, 삼각형의 넓이를 구하세요.

1
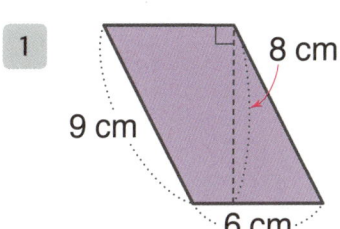
8 cm
9 cm
6 cm

높이는
밑변에 따라
정해져.

_____

5
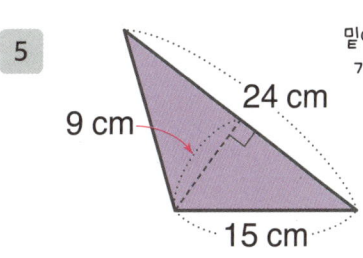
24 cm
9 cm
15 cm

밑변은
밑에 있는 변이 아니라
기준이 되는 변이야.

_____

2
13 cm
12 cm
5 cm

_____

6
8 cm
6 cm   4 cm

_____

3
15 cm
16 cm
20 cm
12 cm

_____

7
17 cm
8 cm
15 cm
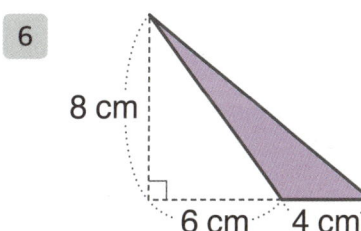

_____

4
6 cm
4 cm   6 cm

_____

8
12 cm
11 cm
9 cm
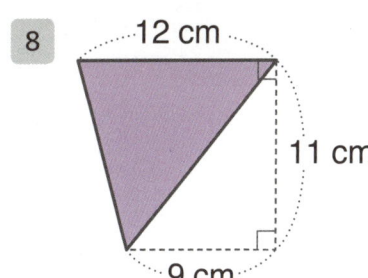

_____

| 넓이를 2가지 단위로 나타내는 문제 |

직사각형의 넓이를 2가지 단위로 나타내세요.

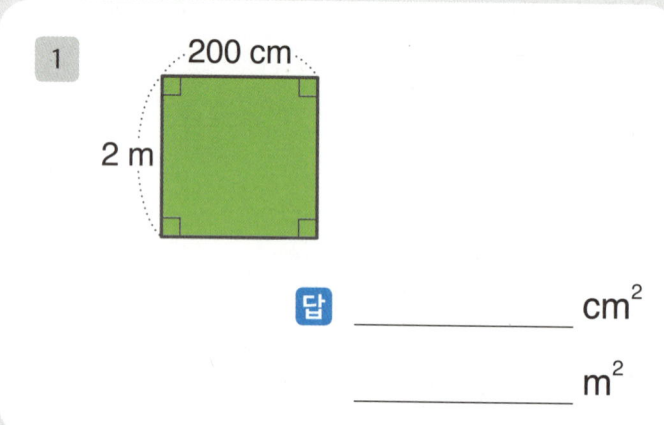

1 200 cm / 2 m

답 _____ cm²

_____ m²

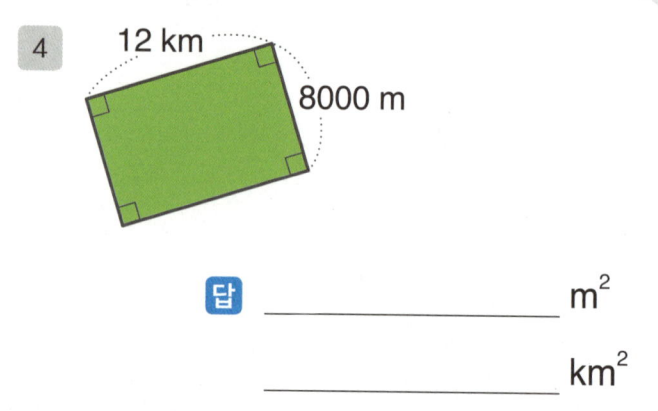

4 12 km / 8000 m

답 _____ m²

_____ km²

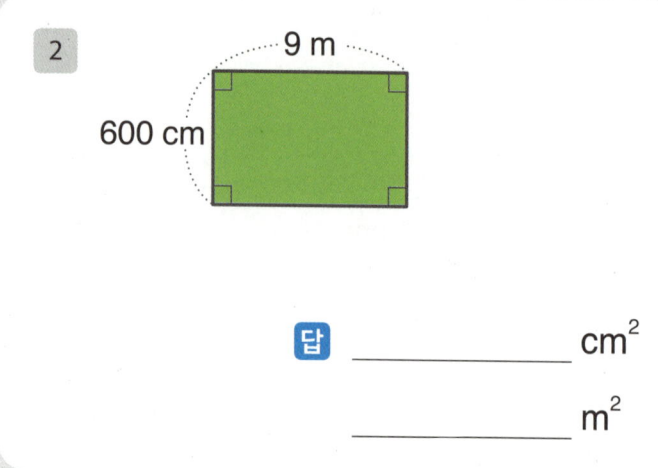

2 9 m / 600 cm

답 _____ cm²

_____ m²

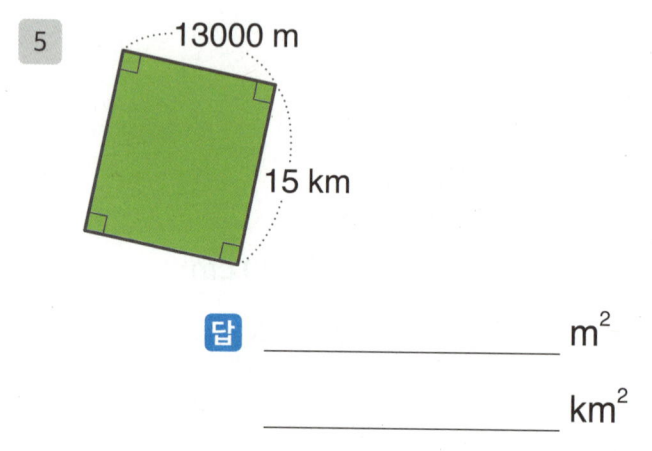

5 13000 m / 15 km

답 _____ m²

_____ km²

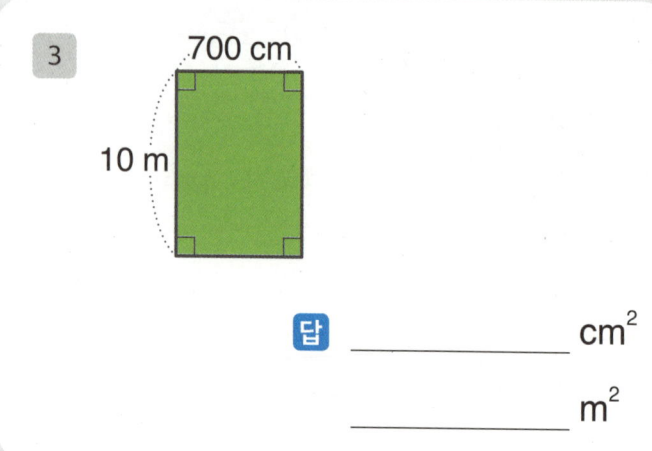

3 700 cm / 10 m

답 _____ cm²

_____ m²

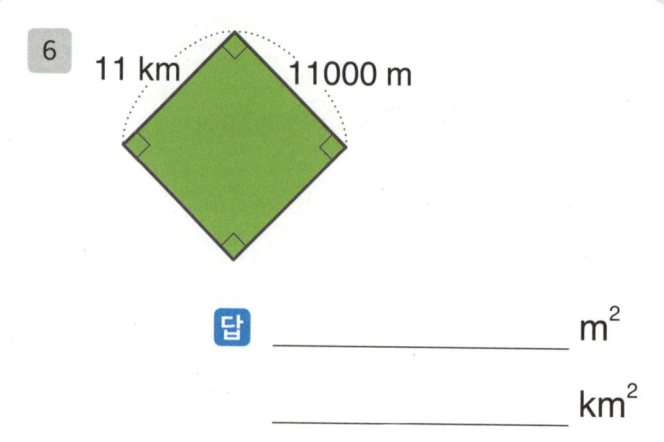

6 11 km / 11000 m

답 _____ m²

_____ km²

직각으로 이루어진 도형의 둘레를 구하세요.

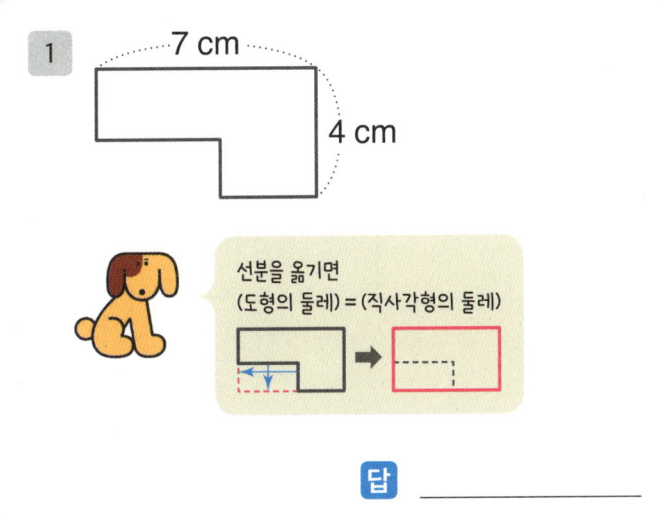

1   7 cm   4 cm

선분을 옮기면
(도형의 둘레) = (직사각형의 둘레)

답 _____

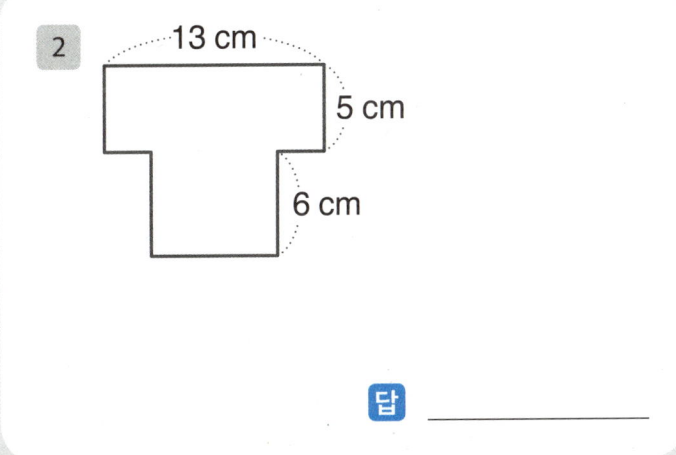

2   13 cm   5 cm   6 cm

답 _____

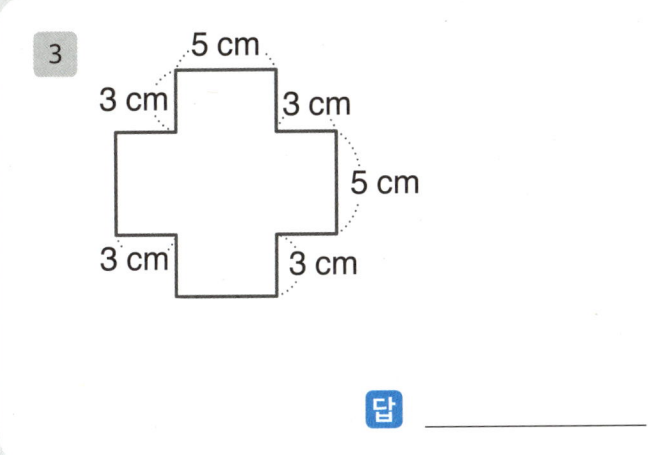

3   5 cm   3 cm   3 cm   5 cm   3 cm   3 cm

답 _____

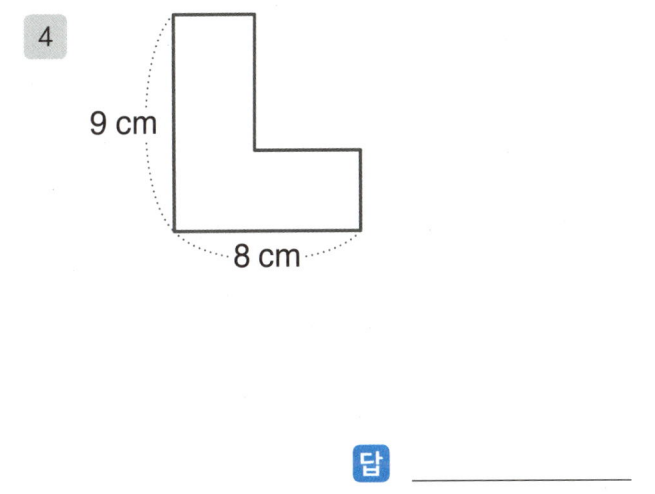

4   9 cm   8 cm

답 _____

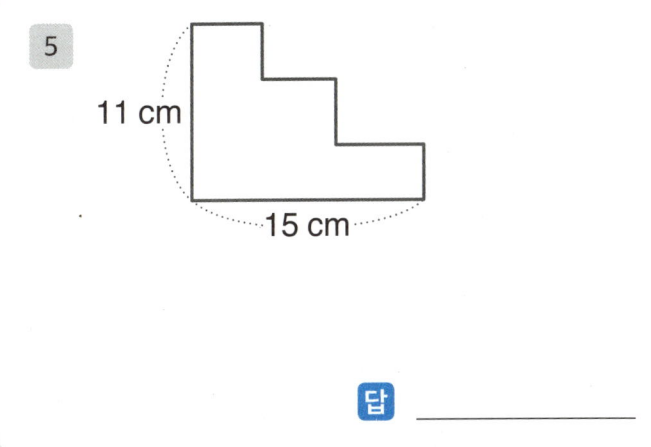

5   11 cm   15 cm

답 _____

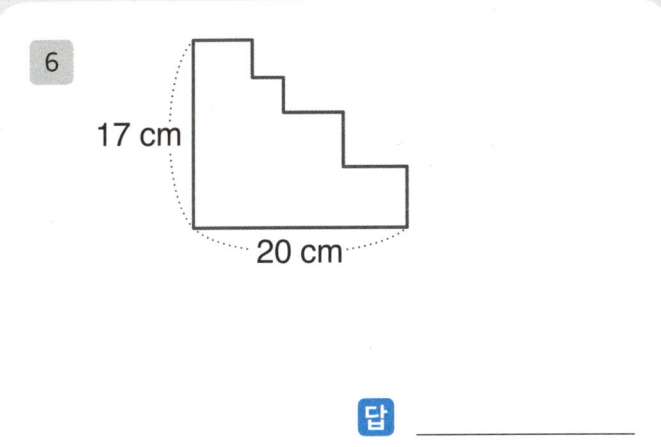

6   17 cm   20 cm

답 _____

직각으로 이루어진 도형의 둘레를 구하세요. (단, 1 , 2 , 3 번은 색칠한 부분의 둘레를 구하세요.)

1
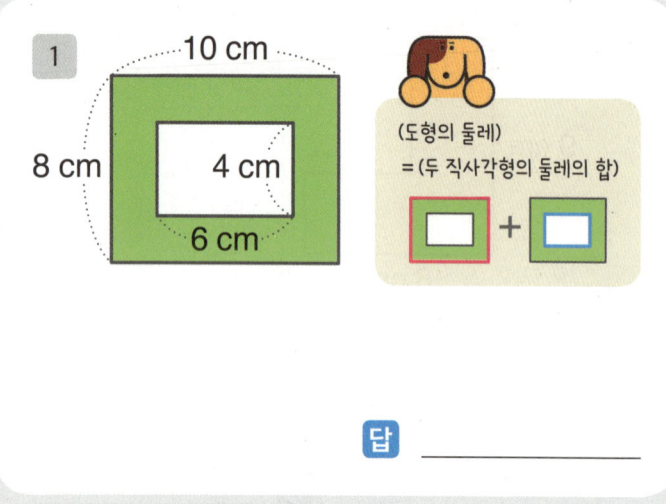

(도형의 둘레)
= (두 직사각형의 둘레의 합)

답 _____

4
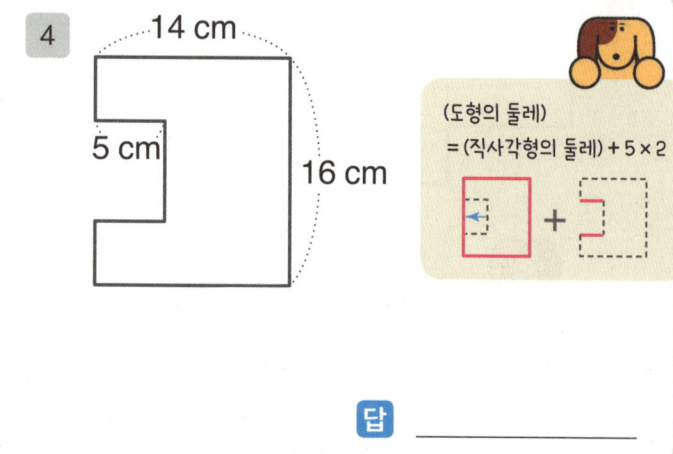

(도형의 둘레)
= (직사각형의 둘레) + 5 × 2

답 _____

2
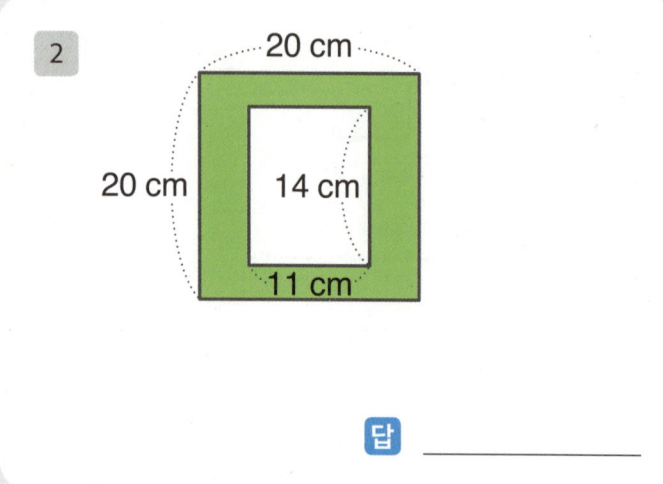

답 _____

5
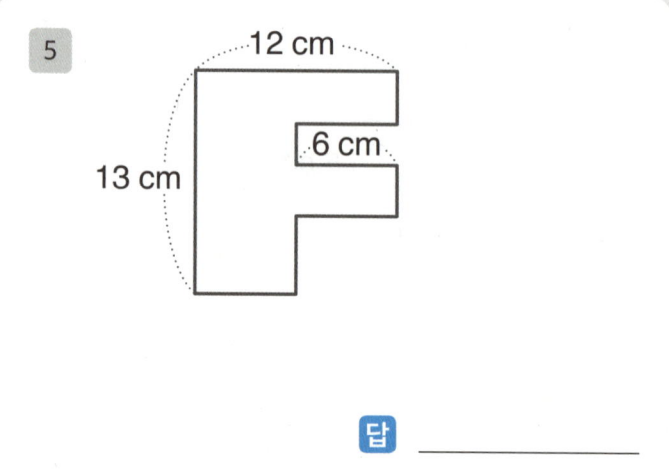

답 _____

3
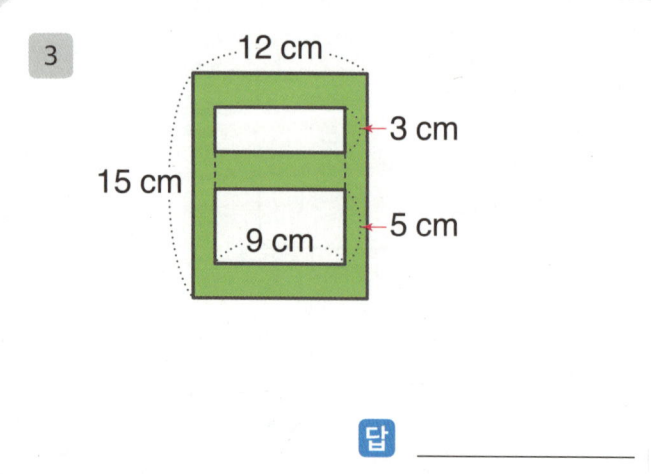

답 _____

6
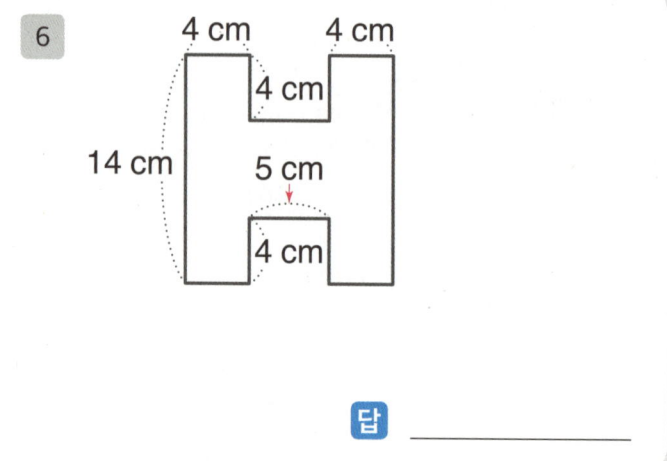

답 _____

| 사각형 또는 삼각형으로 나누어 더하거나 빼기 |

다각형 또는 색칠한 부분의 넓이를 구하세요.

1
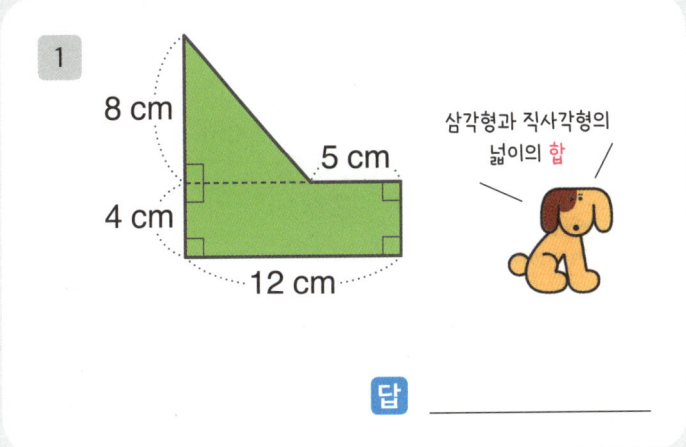

삼각형과 직사각형의 넓이의 **합**

답 _____

4
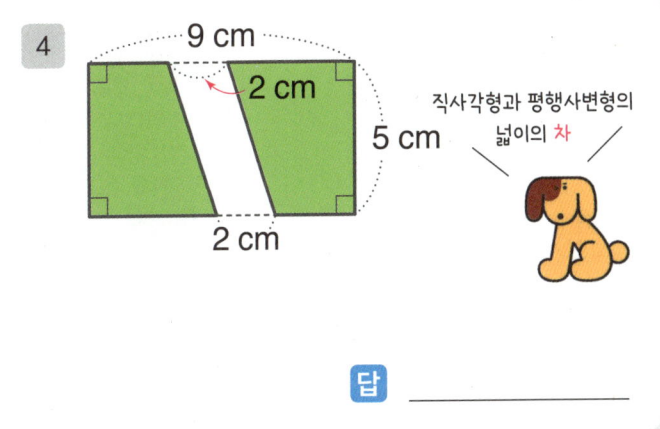

직사각형과 평행사변형의 넓이의 **차**

답 _____

2
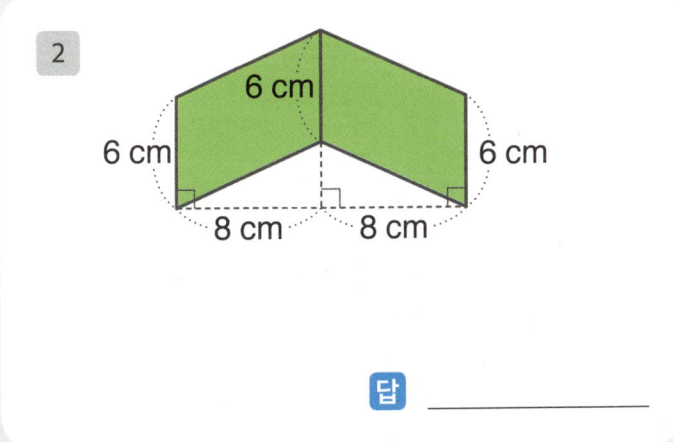

답 _____

5
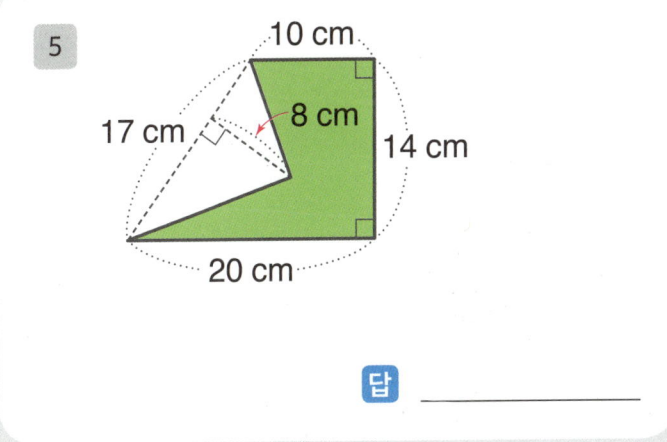

답 _____

3
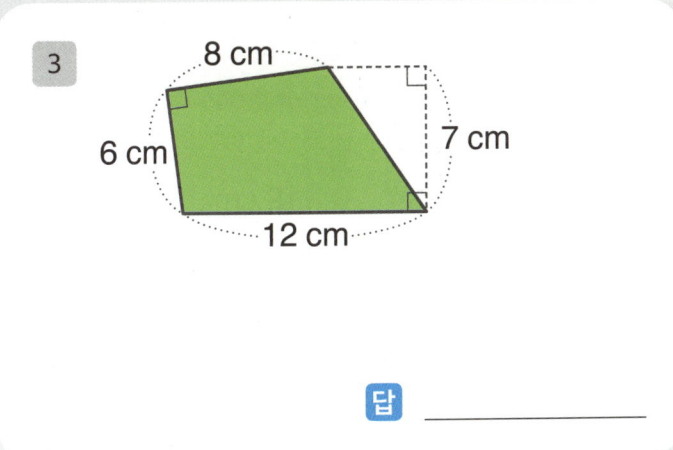

답 _____

6
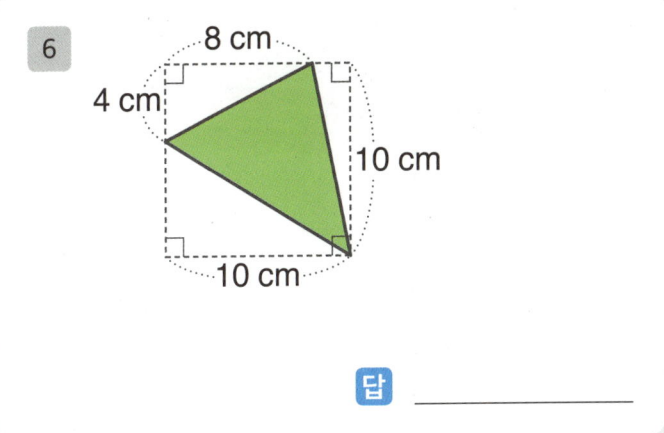

답 _____

| 직사각형을 빼거나 직사각형으로 모으기 |

직각으로 이루어진 도형에서 색칠한 부분의 넓이를 구하세요.

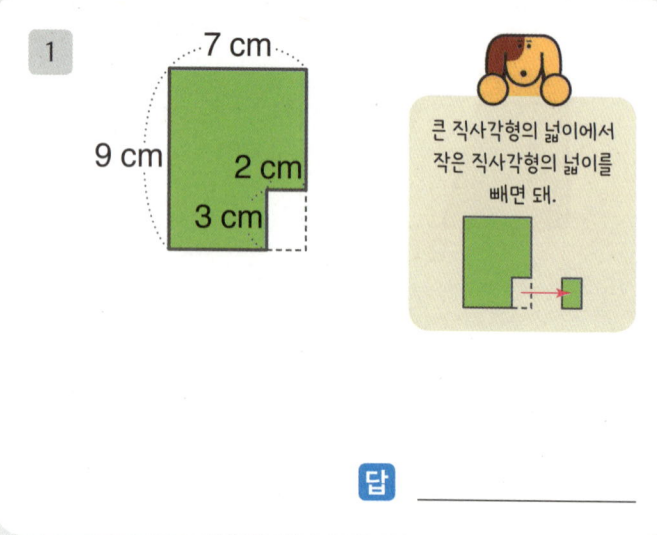

1 7 cm
9 cm
2 cm
3 cm

큰 직사각형의 넓이에서 작은 직사각형의 넓이를 빼면 돼.

답 _____

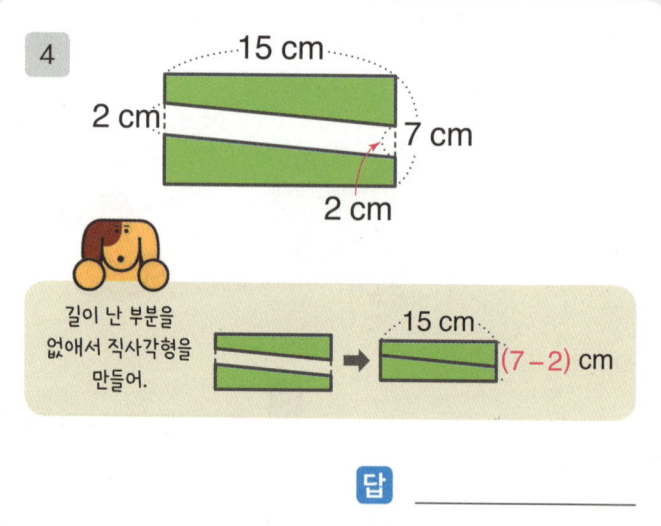

4 15 cm
2 cm
7 cm
2 cm

길이 난 부분을 없애서 직사각형을 만들어.
15 cm
(7-2) cm

답 _____

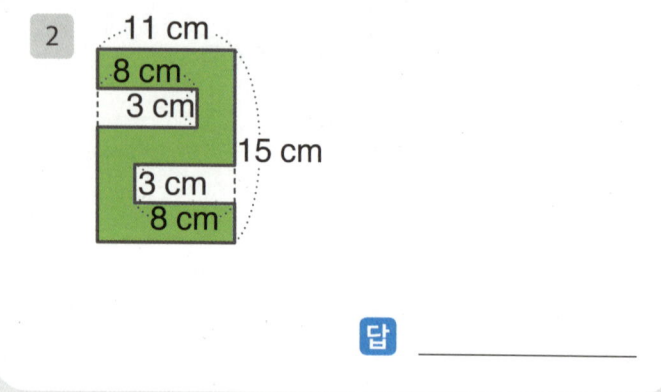

2 11 cm
8 cm
3 cm
15 cm
3 cm
8 cm

답 _____

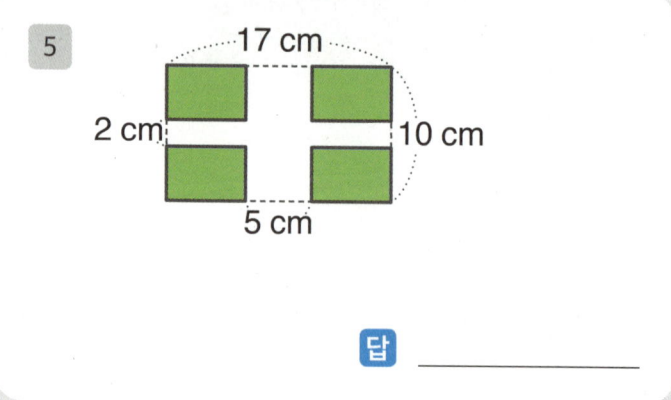

5 17 cm
2 cm
10 cm
5 cm

답 _____

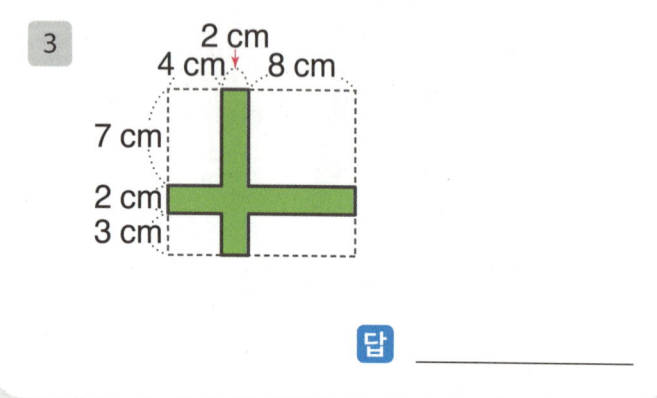

3 2 cm
4 cm 8 cm
7 cm
2 cm
3 cm

답 _____

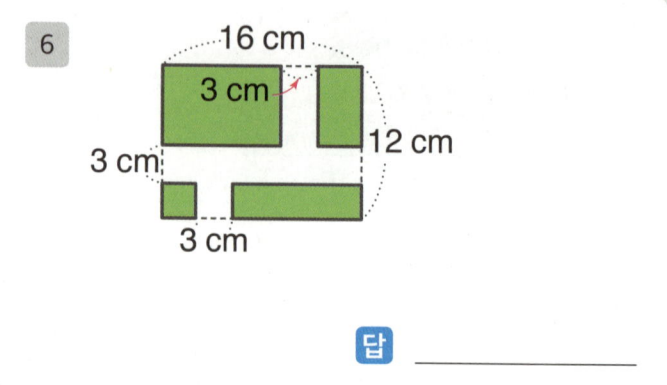

6 16 cm
3 cm
3 cm
12 cm
3 cm

답 _____

1 다각형의 둘레를 구하세요.

(1)

(2)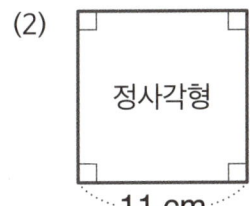

(3)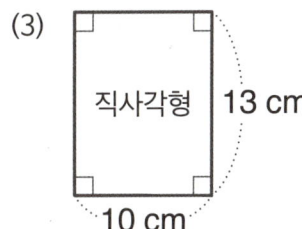

_____   _____   _____

2 사각형의 넓이를 구하세요.

(1)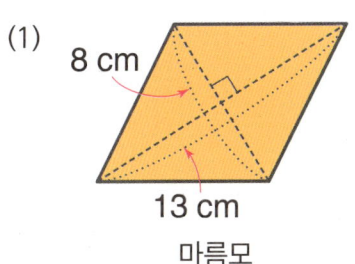

(2)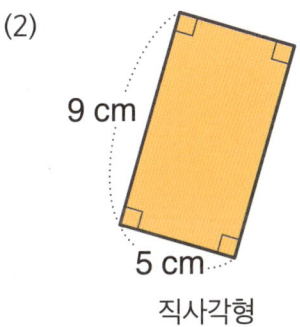

(3)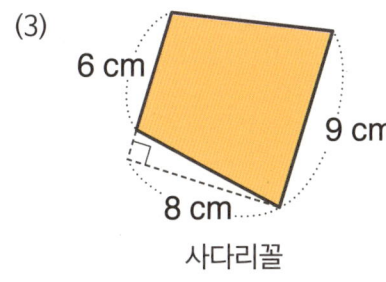

_____   _____   _____

3 다각형의 둘레와 넓이를 구하세요.

(1)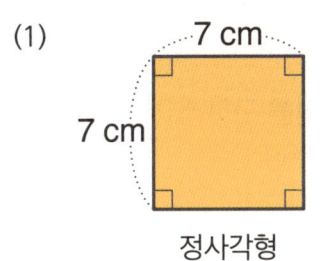

(2)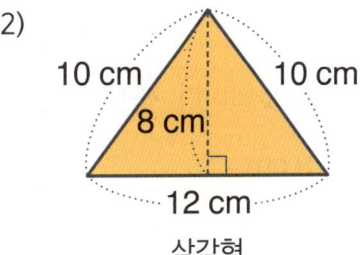

(3)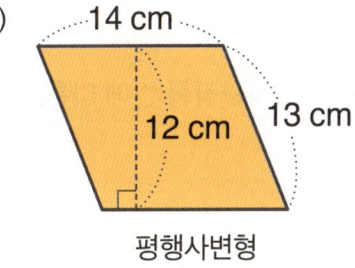

➡ 둘레: _____   ➡ 둘레: _____   ➡ 둘레: _____

넓이: _____   넓이: _____   넓이: _____

4 다각형의 넓이가 다음과 같을 때 □ 안에 알맞은 수를 써넣으세요.

(1) 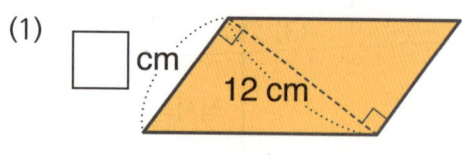 □ cm

12 cm

평행사변형의 넓이: 108 cm²

(2) 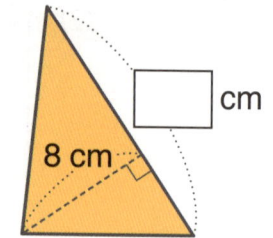 □ cm

8 cm

삼각형의 넓이: 60 cm²

5 윗변의 길이가 **11 m**, 아랫변의 길이가 **6 m**이고, 두 밑변 사이의 거리가 **10 m**인 사다리꼴 모양의 포도밭이 있습니다. 이 포도밭의 넓이는 몇 m²인지 구하세요.

(   )

6 그림과 같이 직각으로 이루어진 도형의 둘레는 몇 **cm**인지 구하세요.

10 cm
4 cm
6 cm
5 cm

(   )

7 직사각형 안에 마름모를 그려 색칠한 것입니다. 색칠한 부분의 둘레와 넓이를 구하세요.

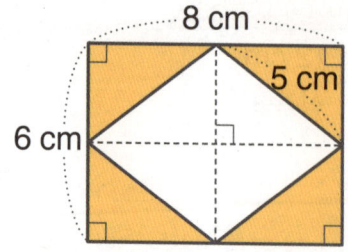

8 cm
5 cm
6 cm

둘레 (   )

넓이 (   )

· 메모 ·

· 메모 ·

앗!

본책의 정답과 풀이를 분실하셨나요?
길벗스쿨 홈페이지에 들어오시면 내려받으실 수 있습니다.
https://school.gilbut.co.kr/

기적의 계산법 응용 up

정답과 풀이

9권

01 자연수의 혼합 계산

연산 UP

1	42
2	35
3	69
4	44
5	50
6	12

7	28
8	16
9	12
10	12
11	2
12	24

응용 UP

1 식 $30-6+9=33$ 답 33

2 식 $7×32÷8=28$ 답 28

3 식 $45÷5×3=27$ 답 27개

바로캐념 봉지

4 식 $19+16-11=24$ 답 24명

연산 UP

1	99
2	11
3	7
4	22
5	31
6	63

7	9
8	15
9	25
10	7
11	367
12	8

응용 UP

1 식 $8×5÷10=4$ 답 4개

2 식 $3800+700×4=6600$ 답 6600원

3 식 $10000-1500×4=4000$ 답 4000원

4 식 $16÷2+15÷3=13$ 답 13봉지

연산 UP
2 $54÷9+5=6+5=11$
5 $22+72÷8=22+9=31$
7 $24÷2-3=12-3=9$
11 $48×8-17=384-17=367$

3 $3+16÷4=3+4=7$
6 $5×8+23=40+23=63$
8 $30-3×5=30-15=15$
12 $20-108÷9=20-12=8$

응용 UP
1 $8×5÷10=40÷10=4$(개)
2 $3800+700×4=3800+2800=6600$(원)
3 $10000-1500×4=10000-6000=4000$(원)
4 $16÷2+15÷3=8+5=13$(봉지)

연산 UP

1	7	7	96
2	5	8	52
3	35	9	2
4	2	10	3
5	60	11	48
6	9	12	8

응용 UP

1	$25+10-7=28$	5	$14\times(8-5)=42$
2	$56-13+8=51$	6	$40-(12-3)=31$
3	$42\div6\times12=84$	7	$100-5\times9=55$
4	$19+32\div4=27$	8	$126\div(6+8)=9$

응용 UP 6 9 대신 12−3을 넣어서 하나의 식으로 나타냅니다. 이때 ( )를 사용하지 않으면 계산 순서가 달라지므로 주의합니다.

연산 UP

1	61	7	39
2	31	8	61
3	43	9	39
4	48	10	33
5	43	11	5
6	140	12	5

응용 UP

1	식	$24+3\times5-17=22$	답	22
2	식	$52\div(11-9)+8=34$	답	34
3	식	$36-9\times3+20=29$	답	29개
4	식	예 $5000-(1700+3000\div4)=2550$	답	2550원

연산 UP 6 $(28-19+5)\times10=14\times10=140$

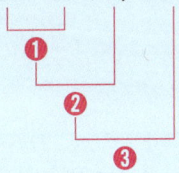

11 $60\div(14+13-15)=60\div12=5$

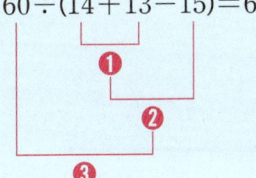

응용 UP 1 $24+3\times5-17=24+15-17=22$

2 $52\div(11-9)+8=52\div2+8=26+8=34$

3 $36-9\times3+20=36-27+20=29$(개)

4 $5000-(1700+3000\div4)=5000-(1700+750)$
$=5000-2450=2550$(원)

연산 UP

1 $7 + 13 × 9$
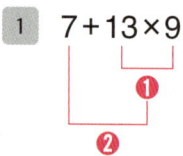

2 $26 - 8 + 14$
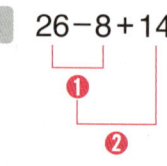

3 $44 ÷ 2 + 9 × 9$

4 $46 + 25 ÷ 5 - 16$
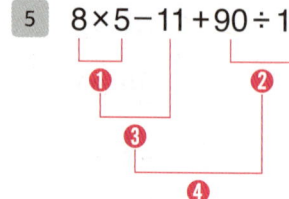

5 $8 × 5 - 11 + 90 ÷ 10$

6 $94 - 42 ÷ 3 × 5 + 16$
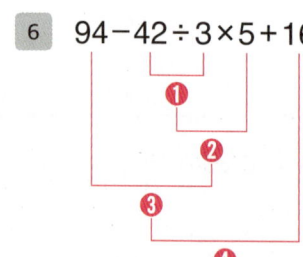

7 $(51 - 19) ÷ 8$

8 $33 - (15 - 7)$

9 $8 × (12 + 9) ÷ 3$
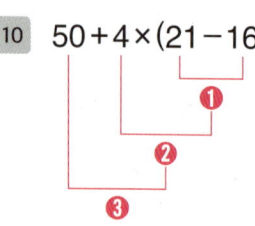

10 $50 + 4 × (21 - 16)$
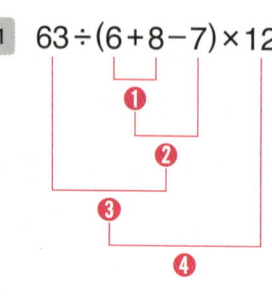

11 $63 ÷ (6 + 8 - 7) × 12$
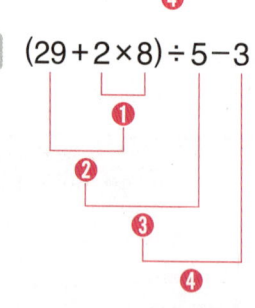

12 $(29 + 2 × 8) ÷ 5 - 3$

응용 UP

1 ❶ 43 ❶ 20
  ❷ 56 ❷ 56
  56

2 ❶ 100
  ❷ 1900
  1900

4 ❶ 40
  ❷ 48
  48

3 ❶ 160
  ❷ 10
  10

5 ❶ 30
  ❷ 30, 12
  12

응용 UP **2** $25 × 4 = 100$이므로 곱해서 몇백이 되는 $25 × 4$를 먼저 계산해도 계산 결과가 같습니다.

3 계산 순서에서 $×$와 $÷$는 같은 순위에 있으므로 $80 × 2$를 먼저 계산해도 계산 결과가 같습니다.

4 계산 순서에서 $+$와 $-$는 같은 순위에 있으므로 $69 - 29$를 먼저 계산해도 계산 결과가 같습니다.

연산 UP

1	21	**7**	59
2	0	**8**	44
3	29	**9**	100
4	79	**10**	6
5	61	**11**	34
6	59		

응용 UP

1	5
2	61
3	29
4	425

연산 UP

1
$$18 \div 6 \times 3 + 27 - 15$$
$$= 3 \times 3 + 27 - 15$$
$$= 9 + 27 - 15$$
$$= 21$$

2
$$25 \times 6 \div 10 - (3 + 12) = 25 \times 6 \div 10 - 15$$
$$= 150 \div 10 - 15$$
$$= 15 - 15$$
$$= 0$$

3
$$14 + 2 \times 9 - 36 \div 12 = 14 + 18 - 3$$
$$= 29$$

4
$$(31 - 4) \div 3 + 5 \times 14 = 27 \div 3 + 5 \times 14$$
$$= 9 + 70$$
$$= 79$$

5
$$6 \times 12 + 90 \div 15 - 17 = 72 + 6 - 17$$
$$= 61$$

6
$$55 \div 11 \times (13 - 6) + 24 = 55 \div 11 \times 7 + 24$$
$$= 5 \times 7 + 24$$
$$= 35 + 24$$
$$= 59$$

7
$$(70 - 2 \times 8) \div 9 + 53 = (70 - 16) \div 9 + 53$$
$$= 54 \div 9 + 53$$
$$= 6 + 53$$
$$= 59$$

8
$$58 \div 2 + 3 \times 10 - 15 = 29 + 30 - 15$$
$$= 44$$

9
$$13 \times (11 - 20 \div 4) + 22$$
$$= 13 \times (11 - 5) + 22$$
$$= 13 \times 6 + 22$$
$$= 78 + 22$$
$$= 100$$

10
$$16 + 14 - 3 \times 16 \div 2 = 16 + 14 - 48 \div 2$$
$$= 16 + 14 - 24$$
$$= 6$$

11
$$99 - (59 + 72 \div 36 \times 3) = 99 - (59 + 2 \times 3)$$
$$= 99 - (59 + 6)$$
$$= 99 - 65 = 34$$

응용 UP

2
$$9 ■ 7 = 7 + 7 \times 9 - 9$$
$$= 7 + 63 - 9$$
$$= 61$$

3
$$5 ◖ 8 = 5 + (8 - 5) \times 8$$
$$= 5 + 3 \times 8$$
$$= 5 + 24$$
$$= 29$$

4
$$4 ▲ 100 = 4 \times 100 + 100 \div 4$$
$$= 400 + 25$$
$$= 425$$

응용 UP

1	13	5	3
2	12	6	32
3	5	7	7
4	8	8	11

응용 UP

1	8	4	4
2	3	5	3
3	12	6	9

응용 UP (23쪽)

2 $3 \times 7 - \square = 9$
➡ $21 - \square = 9$,
$\square = 21 - 9 = 12$

5 $(33 - 12) \div \square = 7$
➡ $21 \div \square = 7$,
$\square = 21 \div 7 = 3$

8 $\square - 56 \div (11 - 3) = 4$
➡ $\square - 56 \div 8 = 4$,
$\square - 7 = 4$,
$\square = 4 + 7 = 11$

3 $16 \div 8 \times \square = 10$
➡ $2 \times \square = 10$,
$\square = 10 \div 2 = 5$

6 $\square - 4 \times 6 = 8$
➡ $\square - 24 = 8$,
$\square = 8 + 24 = 32$

4 $\square \times (6 + 3) = 72$
➡ $\square \times 9 = 72$,
$\square = 72 \div 9 = 8$

7 $5 \times 3 - 9 + \square = 13$
➡ $15 - 9 + \square = 13$,
$6 + \square = 13$,
$\square = 13 - 6 = 7$

응용 UP (24쪽)

2 ❶ 먼저 $11 - \square$의 값을 구하면
$(11 - \square) + 7 = 15$,
$(11 - \square) = 15 - 7 = 8$
❷ $\square$의 값을 구하면
$11 - \square = 8$, $\square = 11 - 8 = 3$

4 ❶ 먼저 $\square + 2$의 값을 구하면
$(\square + 2) \times 6 = 36$,
$(\square + 2) = 36 \div 6 = 6$
❷ $\square$의 값을 구하면
$\square + 2 = 6$, $\square = 6 - 2 = 4$

6 ❶ 먼저 $13 - \square$의 값을 구하면
$(13 - \square) + 15 = 19$,
$(13 - \square) = 19 - 15 = 4$
❷ $\square$의 값을 구하면
$13 - \square = 4$, $\square = 13 - 4 = 9$

3 ❶ 먼저 $\square - 5$의 값을 구하면
$23 - (\square - 5) = 16$,
$(\square - 5) = 23 - 16 = 7$
❷ $\square$의 값을 구하면
$\square - 5 = 7$, $\square = 7 + 5 = 12$

5 ❶ 먼저 $\square \times 9$의 값을 구하면
$54 \div (\square \times 9) = 2$,
$(\square \times 9) = 54 \div 2 = 27$
❷ $\square$의 값을 구하면
$\square \times 9 = 27$, $\square = 27 \div 9 = 3$

응용 UP

1. $12-(9-3)=6$
2. $72\div(2\times4)=9$
3. $6\times(5+9)=84$
4. $(29-4)\times5=125$
5. $64\div(22-6)=4$
6. $43-(17+12\div3)=22$
7. $5+(21-9)\times2=29$
8. $7+60\div(4\times3)=12$
9. $(52\div4-8)\times2=10$
10. $10+(33-7)\times4\div13=18$

응용UP

1. 8
2. 6
3. 5
4. 2
5. 1
6. 예 $8 \div 8 - 8 \div 8 = 0$
7. 예 $8 - 8 + 8 \div 8 = 1$
8. 예 $8 \div 8 + 8 \div 8 = 2$
9. 예 $(8 + 8 + 8) \div 8 = 3$
10. 예 $8 \times 8 \div (8 + 8) = 4$

1
(1) 27
(2) 54
(3) 32
(4) 82
(5) 14
(6) 100
(7) 50
(8) 60
(9) 42
(10) 49

2
(1) 3
(2) 6
(3) 19
(4) 17

3 $(8+7)\times6=90$

4 $12\times10\div8=15$, 15자루

5 예 $42-(4+3)\times5=7$, 7개

6 61

2 (1) $14+\boxed{7\times\square}=35$, $\boxed{7\times\square}=35-14=21$
$\Rightarrow 7\times\square=21, \square=21\div7=3$

(2) $\boxed{(21-\square)}\div3=5$, $\boxed{21-\square}=5\times3=15$
$\Rightarrow 21-\square=15, \square=21-15=6$

(3) $100-8\times5+\square=79$, $100-40+\square=79$,
$60+\square=79, \square=79-60=19$

(4) $\boxed{\square+6}-10=13$, $\boxed{\square+6}=13+10=23$
$\Rightarrow \square+6=23, \square=23-6=17$

3 $8+7=15, 15\times6=90$
$\Rightarrow (8+7)\times6=15\times6=90$

4 $12\times10\div8=120\div8$
$=15(자루)$

5 $42-(4+3)\times5=42-7\times5$
$=42-35=7(개)$

6 $11 \heartsuit 6=11\times6-11+6$
$=66-11+6$
$=61$

02 약수와 배수

DAY 10

33쪽
34쪽

연산 UP

1   1, 2, 4, 8

2   1, 2, 3, 4, 6, 12

3   1, 13

4   1, 2, 4, 8, 16

5   1, 3, 7, 21

6   1, 2, 3, 5, 6, 10, 15, 30

7   1, 2, 4, 11, 22, 44

8   1, 7, 49

9   1, 3, 17, 51

10   1, 3, 7, 9, 21, 63

11   1, 2, 4, 8, 16, 32, 64

12   1, 2, 3, 4, 6, 8, 9, 12, 18, 24, 36, 72

13   1, 2, 4, 5, 8, 10, 16, 20, 40, 80

14   1, 2, 4, 8, 11, 22, 44, 88

응용 UP

1   2, 3

2   2×5

3   3×7

4   2, 2, 3

5   2×3×3

6   5×2×3

응용 UP

2   3   4 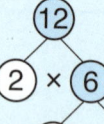   5 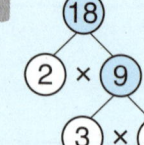   6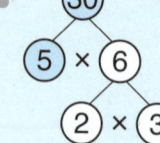

DAY 11

35쪽
36쪽

연산 UP

1   3, 6, 9, 12, 15

2   4, 8, 12, 16, 20

3   5, 10, 15, 20, 25

4   8, 16, 24, 32, 40

5   10, 20, 30, 40, 50

6   11, 22, 33, 44, 55

7   15, 30, 45, 60, 75

8   24, 48, 72, 96, 120

9   29, 58, 87, 116, 145

10   31, 62, 93, 124, 155

11   44, 88, 132, 176, 220

12   56, 112, 168, 224, 280

13   70, 140, 210, 280, 350

14   120, 240, 360, 480, 600

응용 UP

1   12개

2   33개

3   9개

4   96

5   104

6   9번

응용 UP

3   $50 \div 5 = 10$이므로 10부터 50까지의 수 중에서 5의 배수는 모두 $10 - 1 = 9$(개)입니다.

4   $100 \div 12 = 8 \cdots 4$이고 $12 \times 8 = 96$, $12 \times 9 = 108$이므로 96입니다.

5   $100 \div 13 = 7 \cdots 9$이고 $13 \times 7 = 91$, $13 \times 8 = 104$이므로 104입니다.

6   오전 9시부터 오전 10시까지는 1시간=60분이고 $60 \div 7 = 8 \cdots 4$이므로 $1 + 8 = 9$(번) 출발합니다.

연산 UP

1	4	5	27	9	5
2	3	6	12	10	16
3	2	7	7	11	11
4	6	8	10	12	39

응용 UP

1 5모둠　　3 4 cm

 바로개념

최대한 많은　남김없이 똑같이 나누어
(최대 , 최소) ＋ (공약수 , 공배수)
➡ 20과 35의 __최대공약수__ 를 구하자.

2 12명　　4 11명

응용 UP 1
```
 5)20  35
    4   7
```
➡ 20과 35의 최대공약수: 5

2
```
 2)36  24
 2)18  12
 3) 9   6
    3   2
```
➡ 36과 24의 최대공약수: 2×2×3＝12

3
```
 2)28  32
 2)14  16
    7   8
```
➡ 28과 32의 최대공약수: 2×2＝4

4
```
11)99  22
    9   2
```
➡ 99와 22의 최대공약수: 11

연산 UP

1 3 / 1, 3 　바로개념 약수		
2 4 / 1, 2, 4	5 18 / 1, 2, 3, 6, 9, 18	8 12 / 1, 2, 3, 4, 6, 12
3 7 / 1, 7	6 8 / 1, 2, 4, 8	9 11 / 1, 11
4 6 / 1, 2, 3, 6	7 25 / 1, 5, 25	10 15 / 1, 3, 5, 15

응용 UP

1 1, 5 　바로개념 공약수	4 1, 2, 3, 6
2 1, 3, 9	5 1, 2, 5, 10
3 1, 2, 4, 5, 10, 20	6 1, 2, 4, 7, 14, 28

응용 UP
2 두 수의 최대공약수: 9
➡ 두 수의 공약수: 1, 3, 9
4 두 수 ●와 ▲의 최대공약수: 6
➡ 두 수 ●와 ▲의 공약수: 1, 2, 3, 6
6 두 수 ●와 ▲의 최대공약수: 28
➡ 두 수 ●와 ▲의 공약수: 1, 2, 4, 7, 14, 28

3 두 수의 최대공약수: 20
➡ 두 수의 공약수: 1, 2, 4, 5, 10, 20
5 두 수 ●와 ▲의 최대공약수: 10
➡ 두 수 ●와 ▲의 공약수: 1, 2, 5, 10

연산 UP

1	36	5	54	9	280
2	30	6	120	10	39
3	16	7	110	11	120
4	105	8	54	12	280

응용 UP

1 48일 후   3 1번

 바로 개념

다음번에   함께, 동시에
(최대 , ⓜ최소) + (공약수 , ⓜ공배수)
➡ 16과 12의 ___**최소공배수**___ 를 구하자.

2 5월 31일   4 10시 30분

응용 UP

1
$$\begin{array}{r} 2\,)\,\overline{16\quad 12} \\ 2\,)\,\overline{8\quad 6} \\ \overline{4\quad 3} \end{array}$$
➡ 16과 12의 최소공배수:
$2 \times 2 \times 4 \times 3 = 48$

3
$$\begin{array}{r} 3\,)\,\overline{9\quad 15} \\ \overline{3\quad 5} \end{array}$$
➡ 9와 15의 최소공배수:
$3 \times 3 \times 5 = 45$
지수와 동우는 45분에 한 번씩 만나므로
1시간 동안 1번 만납니다.

2
$$\begin{array}{r} 2\,)\,\overline{6\quad 10} \\ \overline{3\quad 5} \end{array}$$
➡ 6과 10의 최소공배수:
$2 \times 3 \times 5 = 30$
5월 1일에서 30일 후는 5월 31일입니다.

4
$$\begin{array}{r} 2\,)\,\overline{50\quad 30} \\ 5\,)\,\overline{25\quad 15} \\ \overline{5\quad 3} \end{array}$$
➡ 50과 30의 최소공배수:
$2 \times 5 \times 5 \times 3 = 150$

오전 8시에서 150분=2시간 30분 후는
오전 10시 30분입니다.

연산 UP

1 75 / 75, 150, 225   바로 개념 배수

2	24 / 24, 48, 72	5	77 / 77, 154, 231	8	200 / 200, 400, 600
3	36 / 36, 72, 108	6	42 / 42, 84, 126	9	660 / 660, 1320, 1980
4	68 / 68, 136, 204	7	72 / 72, 144, 216	10	72 / 72, 144, 216

응용 UP

1 6, 12, 18   바로 개념 공배수   4 9, 18, 27

2 14, 28, 42   5 12, 24, 36

3 100, 200, 300   6 35, 70, 105

응용 UP

2 두 수의 최소공배수: 14
➡ 두 수의 공배수: 14, 28, 42

4 두 수 ▲와 ★의 최소공배수: 9
➡ 두 수 ▲와 ★의 공배수: 9, 18, 27

6 두 수 ▲와 ★의 최소공배수: 35
➡ 두 수 ▲와 ★의 공배수: 35, 70, 105

3 두 수의 최소공배수: 100
➡ 두 수의 공배수: 100, 200, 300

5 두 수 ▲와 ★의 최소공배수: 12
➡ 두 수 ▲와 ★의 공배수: 12, 24, 36

연산 UP

1 6, 36
2 2, 60
3 5, 105
4 3, 990
5 2, 240
6 11, 198
7 8, 24
8 6, 468

응용 UP

1 6
2 15
3 12
4 24
5 18
6 21

응용 UP

1
$$2\,)\overline{\,42\quad24\,}$$
$$3\,)\overline{\,21\quad12\,}$$
$$\quad\;7\qquad4$$

➡ 42와 24의 최대공약수:
$2\times3=6$

2
$$3\,)\overline{\,30\quad45\,}$$
$$5\,)\overline{\,10\quad15\,}$$
$$\quad\;2\qquad3$$

➡ 30과 45의 최대공약수:
$3\times5=15$

3
$$2\,)\overline{\,84\quad108\,}$$
$$2\,)\overline{\,42\quad54\,}$$
$$3\,)\overline{\,21\quad27\,}$$
$$\quad\;7\qquad9$$

➡ 84와 108의 최대공약수:
$2\times2\times3=12$

4
$$2\,)\overline{\,6\quad8\,}$$
$$\quad3\quad4$$

➡ 6과 8의 최소공배수:
$2\times3\times4=24$

5
$$3\,)\overline{\,9\quad6\,}$$
$$\quad3\quad2$$

➡ 9와 6의 최소공배수:
$3\times3\times2=18$

6 3과 7의 최소공배수:
$3\times7=21$

연산 UP

1 4, 180
2 7, 14
3 10, 60
4 12, 180
5 6, 72
6 13, 130
7 9, 27
8 22, 440
9 5, 280
10 8, 88
11 21, 210
12 16, 96

응용 UP

1 10 cm
2 4 cm
3 28 cm
4 189 cm

바로개념 ➡ 최대공약수
바로개념 최소공배수

응용 UP

1
$$2\,)\overline{\,50\quad40\,}$$
$$5\,)\overline{\,25\quad20\,}$$
$$\quad\;5\qquad4$$

➡ 50과 40의 최대공약수: $2\times5=10$

2
$$2\,)\overline{\,12\quad32\,}$$
$$2\,)\overline{\,6\quad16\,}$$
$$\quad\;3\qquad8$$

➡ 12와 32의 최대공약수: $2\times2=4$

3
$$2\,)\overline{\,14\quad28\,}$$
$$7\,)\overline{\,7\quad14\,}$$
$$\quad\;1\qquad2$$

➡ 14와 28의 최소공배수: $2\times7\times1\times2=28$

4
$$3\,)\overline{\,63\quad27\,}$$
$$3\,)\overline{\,21\quad9\,}$$
$$\quad\;7\qquad3$$

➡ 63과 27의 최소공배수: $3\times3\times7\times3=189$

1 (1) 1, 2, 3, 6
　(2) 1, 3, 9, 27, 81

2 (1) 2, 4, 6, 8, 10, 12
　(2) 13, 26, 39, 52, 65, 78

3 (1) 3, 30　　　　(2) 7, 168
　(3) 12, 240　　　(4) 10, 40
　(5) 9, 126　　　 (6) 22, 132

4 11개

5 14명

6 9월 21일

7 1, 3, 5, 15

8 180 cm

---

3 (1) $3\,)\overline{\,15\quad 6\,}$
　　　　$\quad\ 5\quad 2$

➡ 최대공약수: 3

최소공배수:

$3\times5\times2=30$

(2) $7\,)\overline{\,21\quad 56\,}$
　　　$\quad\ 3\quad\ 8$

➡ 최대공약수: 7

최소공배수:

$7\times3\times8=168$

(3) $2\,)\overline{\,48\quad 60\,}$
　　$2\,)\overline{\,24\quad 30\,}$
　　$3\,)\overline{\,12\quad 15\,}$
　　　$\quad 4\quad\ 5$

➡ 최대공약수: $2\times2\times3=12$

최소공배수:

$2\times2\times3\times4\times5=240$

(4) $2\,)\overline{\,40\quad 10\,}$
　　$5\,)\overline{\,20\quad\ 5\,}$
　　　$\quad 4\quad\ 1$

➡ 최대공약수: $2\times5=10$

최소공배수:

$2\times5\times4\times1=40$

(5) $3\,)\overline{\,63\quad 18\,}$
　　$3\,)\overline{\,21\quad\ 6\,}$
　　　$\quad 7\quad\ 2$

➡ 최대공약수: $3\times3=9$

최소공배수:

$3\times3\times7\times2=126$

(6) $2\,)\overline{\,44\quad 66\,}$
　　$11\,)\overline{\,22\quad 33\,}$
　　　$\quad\ 2\quad\ 3$

➡ 최대공약수: $2\times11=22$

최소공배수:

$2\times11\times2\times3=132$

4 $100\div9=11\cdots1$이므로 모두 11개입니다.

5 42와 70의 최대공약수를 구합니다.

$2\,)\overline{\,42\quad 70\,}$
$7\,)\overline{\,21\quad 35\,}$
　$\ 3\quad\ 5$　➡ 42와 70의 최대공약수: $2\times7=14$

따라서 최대 14명까지 나누어 줄 수 있습니다.

6 10과 4의 최소공배수를 구합니다.

$2\,)\overline{\,10\quad 4\,}$
　$\ 5\quad 2$　➡ 10과 4의 최소공배수: $2\times5\times2=20$

따라서 다음번에 두 사람이 함께 도서관에 가는 날은 9월 1일에서 20일 후인 9월 21일입니다.

7 두 수의 공약수는 두 수의 최대공약수의 약수와 같습니다.

최대공약수 15의 약수: 1, 3, 5, 15

8 36과 45의 최소공배수를 구합니다.

$3\,)\overline{\,36\quad 45\,}$
$3\,)\overline{\,12\quad 15\,}$
　$\ 4\quad\ 5$　➡ 36과 45의 최소공배수: $3\times3\times4\times5=180$

따라서 만든 정사각형의 한 변의 길이는 180 cm입니다.

03 약분과 통분

연산 UP

1. 6, 9, 12
2. 12, 18, 24
3. 4, 27, 8, 45
4. 22, 12, 44, 20
5. 10, 21, 28, 25
6. 5, 2, 1
7. 15, 5
8. 8, 14, 2
9. 18, 10, 6
10. 21, 6, 2

응용 UP

1. $\dfrac{2}{9}$
2. $\dfrac{15}{35}$
3. $\dfrac{9}{10}$
4. $\dfrac{24}{45}$
5. $\dfrac{20}{25}$

응용 UP
2. $\dfrac{3}{7} = \dfrac{3 \times 5}{7 \times 5} = \dfrac{15}{35}$
3. $\dfrac{36}{40} = \dfrac{36 \div 4}{40 \div 4} = \dfrac{9}{10}$
4. $\dfrac{8}{15} = \dfrac{8 \times 3}{15 \times 3} = \dfrac{24}{45}$
5. $\dfrac{4}{5} = \dfrac{8}{10} = \dfrac{12}{15} = \dfrac{16}{20} = \dfrac{20}{25} = \cdots\cdots \Rightarrow 25 + 20 = 45$이므로 $\dfrac{20}{25}$입니다.

연산 UP

1. $\dfrac{1}{2}$
   〈바로개념〉 최대공약수
2. $\dfrac{2}{3}$
3. $\dfrac{5}{8}$
4. $\dfrac{1}{5}$
5. $\dfrac{11}{13}$
6. $\dfrac{6}{31}$
7. $\dfrac{3}{5}$
8. $\dfrac{7}{12}$
9. $\dfrac{5}{9}$
10. $\dfrac{2}{7}$
11. $\dfrac{4}{5}$
12. $1\dfrac{3}{4}$
13. $2\dfrac{1}{6}$
14. $3\dfrac{6}{23}$
15. $2\dfrac{9}{10}$
16. $1\dfrac{7}{11}$
17. $4\dfrac{13}{20}$

응용 UP

1. $\dfrac{1}{9}, \dfrac{2}{9}, \dfrac{4}{9}, \dfrac{5}{9}, \dfrac{7}{9}$
2. $\dfrac{1}{8}, \dfrac{3}{8}, \dfrac{5}{8}$
3. $\dfrac{1}{5}, \dfrac{2}{5}, \dfrac{3}{5}, \dfrac{4}{5}$
4. $\dfrac{1}{12}, \dfrac{5}{12}, \dfrac{7}{12}, \dfrac{11}{12}$

응용 UP
2. 분자가 될 수 있는 1부터 6까지의 수 중에서 분모 8과 공약수가 1뿐인 수는 1, 3, 5이므로 $\dfrac{1}{8}, \dfrac{3}{8}, \dfrac{5}{8}$입니다.

3. 분자가 될 수 있는 1부터 4까지의 수 중에서 분모 5와 공약수가 1뿐인 수는 1, 2, 3, 4이므로

   $\dfrac{1}{5}, \dfrac{2}{5}, \dfrac{3}{5}, \dfrac{4}{5}$입니다.

4. 분자가 될 수 있는 1부터 11까지의 수 중에서 분모 12와 공약수가 1뿐인 수는 1, 5, 7, 11이므로

   $\dfrac{1}{12}, \dfrac{5}{12}, \dfrac{7}{12}, \dfrac{11}{12}$입니다.

DAY 21

59쪽
60쪽

연산 UP

1. $\dfrac{2}{6}$, $\dfrac{3}{6}$

2. $\dfrac{44}{77}$, $\dfrac{42}{77}$

3. $\dfrac{25}{30}$, $\dfrac{18}{30}$

4. $\dfrac{70}{80}$, $\dfrac{72}{80}$

5. $1\dfrac{15}{30}$, $1\dfrac{8}{30}$

6. $2\dfrac{18}{39}$, $1\dfrac{26}{39}$

7. $\dfrac{18}{24}$, $\dfrac{4}{24}$

8. $\dfrac{55}{60}$, $\dfrac{24}{60}$

9. $\dfrac{9}{18}$, $\dfrac{14}{18}$

10. $\dfrac{56}{105}$, $\dfrac{45}{105}$

11. $1\dfrac{105}{168}$, $2\dfrac{40}{168}$

12. $4\dfrac{260}{600}$, $3\dfrac{270}{600}$

응용 UP

1. 1, 1

2. 3, 2

3. 1, 4

4. 3, 5

5. 3, 11

6. $\dfrac{6}{7}$, $\dfrac{10}{11}$

7. $\dfrac{1}{3}$, $\dfrac{3}{16}$

8. $\dfrac{5}{6}$, $\dfrac{8}{21}$

9. $1\dfrac{9}{14}$, $3\dfrac{2}{5}$

10. $2\dfrac{1}{3}$, $2\dfrac{9}{13}$

응용 UP

2. $\dfrac{9}{30} = \dfrac{9÷3}{30÷3} = \dfrac{3}{10}$,

$\dfrac{20}{30} = \dfrac{20÷10}{30÷10} = \dfrac{2}{3}$

5. $\dfrac{45}{60} = \dfrac{45÷15}{60÷15} = \dfrac{3}{4}$,

$\dfrac{55}{60} = \dfrac{55÷5}{60÷5} = \dfrac{11}{12}$

8. $\dfrac{105}{126} = \dfrac{105÷21}{126÷21} = \dfrac{5}{6}$,

$\dfrac{48}{126} = \dfrac{48÷6}{126÷6} = \dfrac{8}{21}$

3. $\dfrac{9}{54} = \dfrac{9÷9}{54÷9} = \dfrac{1}{6}$,

$\dfrac{24}{54} = \dfrac{24÷6}{54÷6} = \dfrac{4}{9}$

6. $\dfrac{66}{77} = \dfrac{66÷11}{77÷11} = \dfrac{6}{7}$,

$\dfrac{70}{77} = \dfrac{70÷7}{77÷7} = \dfrac{10}{11}$

9. $1\dfrac{45}{70} = 1\dfrac{45÷5}{70÷5} = 1\dfrac{9}{14}$,

$3\dfrac{28}{70} = 3\dfrac{28÷14}{70÷14} = 3\dfrac{2}{5}$

4. $\dfrac{18}{42} = \dfrac{18÷6}{42÷6} = \dfrac{3}{7}$,

$\dfrac{35}{42} = \dfrac{35÷7}{42÷7} = \dfrac{5}{6}$

7. $\dfrac{16}{48} = \dfrac{16÷16}{48÷16} = \dfrac{1}{3}$,

$\dfrac{9}{48} = \dfrac{9÷3}{48÷3} = \dfrac{3}{16}$

10. $2\dfrac{13}{39} = 2\dfrac{13÷13}{39÷13} = 2\dfrac{1}{3}$,

$2\dfrac{27}{39} = 2\dfrac{27÷3}{39÷3} = 2\dfrac{9}{13}$

DAY 22

61쪽
62쪽

연산 UP

1. $\dfrac{3}{12}$, $\dfrac{2}{12}$

2. $\dfrac{8}{30}$, $\dfrac{27}{30}$

3. $\dfrac{4}{8}$, $\dfrac{3}{8}$

4. $\dfrac{20}{42}$, $\dfrac{27}{42}$

5. $1\dfrac{28}{48}$, $2\dfrac{15}{48}$

6. $2\dfrac{11}{30}$, $1\dfrac{12}{30}$

7. $\dfrac{2}{56}$, $\dfrac{35}{56}$

8. $\dfrac{18}{21}$, $\dfrac{2}{21}$

9. $\dfrac{21}{36}$, $\dfrac{28}{36}$

10. $\dfrac{15}{20}$, $\dfrac{2}{20}$

11. $2\dfrac{9}{22}$, $3\dfrac{16}{22}$

12. $1\dfrac{35}{80}$, $1\dfrac{52}{80}$

응용 UP

1. $\dfrac{11}{18}$, $\dfrac{12}{18}$, $\dfrac{13}{18}$, $\dfrac{14}{18}$

2. $\dfrac{45}{56}$, $\dfrac{46}{56}$, $\dfrac{47}{56}$, $\dfrac{48}{56}$

3. $\dfrac{14}{65}$

4. $\dfrac{19}{60}$, $\dfrac{20}{60}$, $\dfrac{21}{60}$, $\dfrac{22}{60}$, $\dfrac{23}{60}$, $\dfrac{24}{60}$

응용 UP [2] $\frac{11}{14}=\frac{44}{56}$, $\frac{7}{8}=\frac{49}{56}$이므로 $\frac{45}{56}$, $\frac{46}{56}$, $\frac{47}{56}$, $\frac{48}{56}$입니다.

[3] $\frac{1}{5}=\frac{13}{65}$, $\frac{3}{13}=\frac{15}{65}$이므로 $\frac{14}{65}$입니다.

[4] $\frac{3}{10}=\frac{18}{60}$, $\frac{5}{12}=\frac{25}{60}$이므로 $\frac{19}{60}$, $\frac{20}{60}$, $\frac{21}{60}$, $\frac{22}{60}$, $\frac{23}{60}$, $\frac{24}{60}$입니다.

연산 UP

[1] <　　　　[7] >

[2] >　　　　[8] <

[3] <　　　　[9] <

[4] >　　　　[10] >

[5] >　　　　[11] <

[6] <　　　　[12] >

응용 UP

[1] 1, 2, 3　　　[4] 1, 2

[2] 1, 2, 3　　　[5] 1, 2, 3, 4, 5

[3] 1　　　　　[6] 1, 2, 3, 4

연산 UP [4] $\frac{5}{8}=\frac{15}{24}$ ⊘ $\frac{7}{12}=\frac{14}{24}$　　　[6] $1\frac{1}{8}=1\frac{15}{120}$ ⊘ $1\frac{7}{30}=1\frac{28}{120}$

[7] $\frac{5}{6}=\frac{15}{18}$ ⊘ $\frac{7}{9}=\frac{14}{18}$　　　[9] $\frac{1}{12}=\frac{4}{48}$ ⊘ $\frac{3}{16}=\frac{9}{48}$

[11] $1\frac{11}{27}=1\frac{22}{54}$ ⊘ $1\frac{5}{6}=1\frac{45}{54}$　　[12] $3\frac{4}{25}=3\frac{12}{75}$ ⊘ $3\frac{2}{15}=3\frac{10}{75}$

응용 UP [2] 분모 6과 30의 최소공배수 30으로 통분하면 $\frac{\square\times 5}{30}<\frac{19}{30}$이고,

$\square\times 5<19$에서 $\square$ 안에 들어갈 수 있는 자연수는 1, 2, 3입니다.

[3] 분모 4와 12의 최소공배수 12로 통분하면 $\frac{\square\times 3}{12}<\frac{5}{12}$이고,

$\square\times 3<5$에서 $\square$ 안에 들어갈 수 있는 자연수는 1입니다.

[4] 분모 21과 3의 최소공배수 21로 통분하면 $\frac{16}{21}>\frac{\square\times 7}{21}$이고,

$\square\times 7<16$에서 $\square$ 안에 들어갈 수 있는 자연수는 1, 2입니다.

[5] 분모 72와 8의 최소공배수 72로 통분하면 $\frac{49}{72}>\frac{\square\times 9}{72}$이고,

$\square\times 9<49$에서 $\square$ 안에 들어갈 수 있는 자연수는 1, 2, 3, 4, 5입니다.

[6] 분모 60과 15의 최소공배수 60으로 통분하면 $\frac{17}{60}>\frac{\square\times 4}{60}$이고,

$\square\times 4<17$에서 $\square$ 안에 들어갈 수 있는 자연수는 1, 2, 3, 4입니다.

연산 UP

1	>	7	<
2	=	8	<
3	<	9	>
4	>	10	<
5	<	11	>
6	<	12	=

응용 UP

1 강아지

2 주스

3 약국

4 피아노 연습하기

응용 UP

2 $\dfrac{4}{5}=\dfrac{8}{10}=0.8 \bigcirc 0.85$

➡ $\dfrac{4}{5}<0.85$이므로 주스가 더 적습니다.

3 $1\dfrac{1}{4}=1\dfrac{25}{100}=1.25 \bigcirc 1.52$

➡ $1.52>1\dfrac{1}{4}$이므로

성우네 집에서 약국이 더 가깝습니다.

4 $1\dfrac{3}{10}=1.3,\ 1\dfrac{1}{5}=1\dfrac{2}{10}=1.2$ ➡ $1.4>1.3>1.2$

따라서 $1.4>1\dfrac{3}{10}>1\dfrac{1}{5}$이므로 피아노 연습하기가 시간이 가장 오래 걸렸습니다.

1 (1) 14, 9, 28, 15
  (2) 16, 10, 5

2 (1) $\dfrac{4}{5}$ (2) $\dfrac{1}{3}$ (3) $\dfrac{2}{9}$

  (4) $1\dfrac{1}{12}$ (5) $3\dfrac{5}{6}$ (6) $2\dfrac{14}{25}$

3 (1) $\dfrac{15}{24},\ \dfrac{4}{24}$ (2) $\dfrac{21}{70},\ \dfrac{55}{70}$

  (3) $1\dfrac{3}{9},\ 1\dfrac{2}{9}$ (4) $3\dfrac{16}{28},\ 2\dfrac{21}{28}$

4 (1) >   (2) <   (3) >

5 (1) $\dfrac{7}{9},\ \dfrac{3}{7}$ (2) $2\dfrac{1}{8},\ 1\dfrac{9}{14}$

6 $\dfrac{1}{10},\ \dfrac{3}{10},\ \dfrac{7}{10},\ \dfrac{9}{10}$

7 1, 2, 3, 4

8 도서관

6 분자가 될 수 있는 1부터 9까지의 수 중에서 분모 10과 공약수가 1뿐인 수는 1, 3, 7, 9이므로

분모가 10인 진분수 중에서 기약분수는 $\dfrac{1}{10},\ \dfrac{3}{10},\ \dfrac{7}{10},\ \dfrac{9}{10}$입니다.

7 분모 7과 42의 최소공배수 42로 통분하면 $\dfrac{\square \times 6}{42}<\dfrac{29}{42}$이고,

$\square \times 6<29$에서 $\square$ 안에 들어갈 수 있는 자연수는 1, 2, 3, 4입니다.

8 $1\dfrac{1}{2}=1\dfrac{5}{10}=1.5,\ 1\dfrac{19}{50}=1\dfrac{38}{100}=1.38$ ➡ $1.5>1.38>1.35$

따라서 $1\dfrac{1}{2}>1\dfrac{19}{50}>1.35$이므로 샛별이네 집에서 가장 먼 곳은 도서관입니다.

04 분수의 덧셈과 뺄셈

연산 UP

1. $\dfrac{11}{20}$

2. $\dfrac{12}{35}$

3. $\dfrac{41}{72}$

4. $\dfrac{22}{45}$

5. $\dfrac{43}{60}$

6. $\dfrac{29}{100}$

7. $1\dfrac{1}{6}$

8. $1\dfrac{13}{44}$

9. $1\dfrac{1}{9}$

10. $1\dfrac{49}{60}$

11. $1\dfrac{11}{24}$

12. $1\dfrac{71}{91}$

응용 UP

1. 식 $\dfrac{7}{9}+\dfrac{1}{6}=\dfrac{17}{18}$ 답 $\dfrac{17}{18}$

2. 식 $\dfrac{4}{11}+\dfrac{2}{33}=\dfrac{14}{33}$ 답 $\dfrac{14}{33}$

3. 식 $\dfrac{9}{14}+\dfrac{1}{4}=\dfrac{25}{28}$ 답 $\dfrac{25}{28}$ m

4. 식 $\dfrac{4}{5}+\dfrac{3}{8}=1\dfrac{7}{40}$ 답 $1\dfrac{7}{40}$ m

---

연산 UP

2. $\dfrac{1}{5}+\dfrac{1}{7}=\dfrac{7}{35}+\dfrac{5}{35}=\dfrac{12}{35}$

3. $\dfrac{4}{9}+\dfrac{1}{8}=\dfrac{32}{72}+\dfrac{9}{72}=\dfrac{41}{72}$

4. $\dfrac{4}{45}+\dfrac{2}{5}=\dfrac{4}{45}+\dfrac{18}{45}=\dfrac{22}{45}$

5. $\dfrac{2}{15}+\dfrac{7}{12}=\dfrac{8}{60}+\dfrac{35}{60}=\dfrac{43}{60}$

6. $\dfrac{1}{4}+\dfrac{1}{25}=\dfrac{25}{100}+\dfrac{4}{100}=\dfrac{29}{100}$

8. $\dfrac{3}{4}+\dfrac{6}{11}=\dfrac{33}{44}+\dfrac{24}{44}=\dfrac{57}{44}=1\dfrac{13}{44}$

9. $\dfrac{4}{9}+\dfrac{2}{3}=\dfrac{4}{9}+\dfrac{6}{9}=\dfrac{10}{9}=1\dfrac{1}{9}$

10. $\dfrac{9}{10}+\dfrac{11}{12}=\dfrac{54}{60}+\dfrac{55}{60}=\dfrac{109}{60}=1\dfrac{49}{60}$

11. $\dfrac{5}{6}+\dfrac{5}{8}=\dfrac{20}{24}+\dfrac{15}{24}=\dfrac{35}{24}=1\dfrac{11}{24}$

12. $\dfrac{12}{13}+\dfrac{6}{7}=\dfrac{84}{91}+\dfrac{78}{91}=\dfrac{162}{91}=1\dfrac{71}{91}$

응용 UP

1. $\dfrac{7}{9}+\dfrac{1}{6}=\dfrac{14}{18}+\dfrac{3}{18}=\dfrac{17}{18}$

2. $\dfrac{4}{11}+\dfrac{2}{33}=\dfrac{12}{33}+\dfrac{2}{33}=\dfrac{14}{33}$

3. $\dfrac{9}{14}+\dfrac{1}{4}=\dfrac{18}{28}+\dfrac{7}{28}=\dfrac{25}{28}$ (m)

4. $\dfrac{4}{5}+\dfrac{3}{8}=\dfrac{32}{40}+\dfrac{15}{40}=\dfrac{47}{40}=1\dfrac{7}{40}$ (m)

연산 UP

1. $4\frac{33}{80}$

2. $2\frac{3}{8}$

3. $10\frac{19}{28}$

4. $7\frac{14}{15}$

5. $5\frac{8}{9}$

6. $3\frac{19}{42}$

7. $4\frac{1}{10}$

8. $8\frac{8}{15}$

9. $3\frac{1}{6}$

10. $9\frac{21}{44}$

11. $7\frac{7}{36}$

응용 UP

1. 식 $\frac{1}{2}+\frac{2}{3}=1\frac{1}{6}$ 답 $1\frac{1}{6}$ L

2. 식 $2\frac{9}{20}+\frac{1}{6}=2\frac{37}{60}$ 답 $2\frac{37}{60}$ kg

3. 식 $3\frac{5}{12}+1\frac{7}{24}=4\frac{17}{24}$ 답 $4\frac{17}{24}$ mm

4. 식 $1\frac{7}{9}+1\frac{1}{2}=3\frac{5}{18}$ 답 $3\frac{5}{18}$ km

---

연산 UP

2. $1\frac{1}{8}+1\frac{1}{4}=1\frac{1}{8}+1\frac{2}{8}=2\frac{3}{8}$

3. $2\frac{1}{4}+8\frac{3}{7}=2\frac{7}{28}+8\frac{12}{28}=10\frac{19}{28}$

4. $6\frac{3}{5}+1\frac{1}{3}=6\frac{9}{15}+1\frac{5}{15}=7\frac{14}{15}$

5. $3\frac{2}{3}+2\frac{2}{9}=3\frac{6}{9}+2\frac{2}{9}=5\frac{8}{9}$

6. $2\frac{5}{14}+1\frac{2}{21}=2\frac{15}{42}+1\frac{4}{42}=3\frac{19}{42}$

8. $2\frac{5}{6}+5\frac{7}{10}=2\frac{25}{30}+5\frac{21}{30}=7\frac{46}{30}$
$=8\frac{16}{30}=8\frac{8}{15}$

9. $1\frac{13}{18}+1\frac{4}{9}=1\frac{13}{18}+1\frac{8}{18}=2\frac{21}{18}$
$=3\frac{3}{18}=3\frac{1}{6}$

10. $4\frac{8}{11}+4\frac{3}{4}=4\frac{32}{44}+4\frac{33}{44}=8\frac{65}{44}=9\frac{21}{44}$

11. $5\frac{11}{12}+1\frac{5}{18}=5\frac{33}{36}+1\frac{10}{36}=6\frac{43}{36}=7\frac{7}{36}$

응용 UP

1. $\frac{1}{2}+\frac{2}{3}=\frac{3}{6}+\frac{4}{6}=\frac{7}{6}=1\frac{1}{6}$ (L)

2. $2\frac{9}{20}+\frac{1}{6}=2\frac{27}{60}+\frac{10}{60}=2\frac{37}{60}$ (kg)

3. $3\frac{5}{12}+1\frac{7}{24}=3\frac{10}{24}+1\frac{7}{24}=4\frac{17}{24}$ (mm)

4. $1\frac{7}{9}+1\frac{1}{2}=1\frac{14}{18}+1\frac{9}{18}=2\frac{23}{18}=3\frac{5}{18}$ (km)

연산 UP

1 $\dfrac{3}{10}$

2 $1\dfrac{1}{3}$

3 $1\dfrac{2}{5}$

4 $2\dfrac{2}{3}$

5 $4\dfrac{15}{49}$

6 $\dfrac{29}{50}$

7 $1\dfrac{17}{24}$

8 $1\dfrac{3}{70}$

9 $\dfrac{19}{30}$

10 $\dfrac{11}{90}$

11 $4\dfrac{9}{20}$

12 $4\dfrac{73}{80}$

응용 UP

1 식 $\dfrac{5}{11}+\dfrac{2}{7}=\dfrac{57}{77}$ 답 $\dfrac{57}{77}$ kg

2 식 $1\dfrac{1}{4}+\dfrac{1}{6}=1\dfrac{5}{12}$ 답 $1\dfrac{5}{12}$ 컵

3 식 $1\dfrac{2}{15}+2\dfrac{3}{5}=3\dfrac{11}{15}$ 답 $3\dfrac{11}{15}$ 시간

4 식 $1\dfrac{5}{8}+1\dfrac{7}{10}=3\dfrac{13}{40}$ 답 $3\dfrac{13}{40}$ m

---

연산 UP

2 $\dfrac{5}{6}+\dfrac{1}{2}=\dfrac{5}{6}+\dfrac{3}{6}=\dfrac{8}{6}=1\dfrac{2}{6}=1\dfrac{1}{3}$

3 $\dfrac{2}{3}+\dfrac{11}{15}=\dfrac{10}{15}+\dfrac{11}{15}=\dfrac{21}{15}=1\dfrac{6}{15}=1\dfrac{2}{5}$

4 $1\dfrac{7}{24}+1\dfrac{3}{8}=1\dfrac{7}{24}+1\dfrac{9}{24}=2\dfrac{16}{24}=2\dfrac{2}{3}$

5 $3\dfrac{1}{7}+1\dfrac{8}{49}=3\dfrac{7}{49}+1\dfrac{8}{49}=4\dfrac{15}{49}$

6 $\dfrac{21}{50}+\dfrac{4}{25}=\dfrac{21}{50}+\dfrac{8}{50}=\dfrac{29}{50}$

8 $\dfrac{3}{14}+\dfrac{29}{35}=\dfrac{15}{70}+\dfrac{58}{70}=\dfrac{73}{70}=1\dfrac{3}{70}$

9 $\dfrac{1}{20}+\dfrac{7}{12}=\dfrac{3}{60}+\dfrac{35}{60}=\dfrac{38}{60}=\dfrac{19}{30}$

10 $\dfrac{1}{15}+\dfrac{1}{18}=\dfrac{6}{90}+\dfrac{5}{90}=\dfrac{11}{90}$

11 $1\dfrac{7}{10}+2\dfrac{3}{4}=1\dfrac{14}{20}+2\dfrac{15}{20}=3\dfrac{29}{20}=4\dfrac{9}{20}$

12 $2\dfrac{11}{16}+2\dfrac{9}{40}=2\dfrac{55}{80}+2\dfrac{18}{80}=4\dfrac{73}{80}$

응용 UP

1 $\dfrac{5}{11}+\dfrac{2}{7}=\dfrac{35}{77}+\dfrac{22}{77}=\dfrac{57}{77}$ (kg)

2 $1\dfrac{1}{4}+\dfrac{1}{6}=1\dfrac{3}{12}+\dfrac{2}{12}=1\dfrac{5}{12}$ (컵)

3 $1\dfrac{2}{15}+2\dfrac{3}{5}=1\dfrac{2}{15}+2\dfrac{9}{15}=3\dfrac{11}{15}$ (시간)

4 $1\dfrac{5}{8}+1\dfrac{7}{10}=1\dfrac{25}{40}+1\dfrac{28}{40}=2\dfrac{53}{40}=3\dfrac{13}{40}$ (m)

연산 UP

1. $\dfrac{11}{15}$

2. $1\dfrac{9}{20}$

3. $4\dfrac{1}{4}$

4. $1\dfrac{2}{15}$

5. $4\dfrac{5}{26}$

6. $8\dfrac{11}{24}$

7. $5\dfrac{9}{14}$

8. $4\dfrac{53}{84}$

9. $\dfrac{53}{56}$

10. $6\dfrac{69}{110}$

11. $7\dfrac{11}{36}$

12. $9\dfrac{7}{78}$

응용 UP

1. $\dfrac{\cancel{70}}{30}$ /
$$\dfrac{2}{3}+\dfrac{7}{10}=\dfrac{20}{30}+\dfrac{21}{30}=\dfrac{41}{30}=1\dfrac{11}{30}$$

2. $10\dfrac{15}{35}$ /
$$2\dfrac{3}{7}+1\dfrac{2}{5}=2\dfrac{15}{35}+1\dfrac{14}{35}=3\dfrac{29}{35}$$

3. $7\dfrac{23}{56}$ /
$$3\dfrac{5}{8}+4\dfrac{11}{14}=3\dfrac{35}{56}+4\dfrac{44}{56}$$
$$=7\dfrac{79}{56}=8\dfrac{23}{56}$$

연산 UP

3. $2\dfrac{5}{12}+1\dfrac{5}{6}=2\dfrac{5}{12}+1\dfrac{10}{12}=3\dfrac{15}{12}$
$=4\dfrac{3}{12}=4\dfrac{1}{4}$

4. $\dfrac{11}{24}+\dfrac{27}{40}=\dfrac{55}{120}+\dfrac{81}{120}=\dfrac{136}{120}$
$=1\dfrac{16}{120}=1\dfrac{2}{15}$

5. $\dfrac{9}{13}+3\dfrac{1}{2}=\dfrac{18}{26}+3\dfrac{13}{26}=3\dfrac{31}{26}=4\dfrac{5}{26}$

6. $1\dfrac{1}{9}+7\dfrac{25}{72}=1\dfrac{8}{72}+7\dfrac{25}{72}=8\dfrac{33}{72}=8\dfrac{11}{24}$

7. $2\dfrac{25}{28}+2\dfrac{3}{4}=2\dfrac{25}{28}+2\dfrac{21}{28}=4\dfrac{46}{28}$
$=5\dfrac{18}{28}=5\dfrac{9}{14}$

8. $\dfrac{3}{14}+4\dfrac{5}{12}=\dfrac{18}{84}+4\dfrac{35}{84}=4\dfrac{53}{84}$

9. $\dfrac{4}{7}+\dfrac{3}{8}=\dfrac{32}{56}+\dfrac{21}{56}=\dfrac{53}{56}$

10. $5\dfrac{8}{11}+\dfrac{9}{10}=5\dfrac{80}{110}+\dfrac{99}{110}=5\dfrac{179}{110}=6\dfrac{69}{110}$

11. $4\dfrac{2}{9}+3\dfrac{1}{12}=4\dfrac{8}{36}+3\dfrac{3}{36}=7\dfrac{11}{36}$

12. $2\dfrac{1}{6}+6\dfrac{12}{13}=2\dfrac{13}{78}+6\dfrac{72}{78}=8\dfrac{85}{78}=9\dfrac{7}{78}$

응용 UP

1. 통분하는 과정에서 $\dfrac{7}{10}$ 의 분모와 분자에 0이 아닌 같은 수를 곱하여 통분해야 하는데

$\dfrac{7}{10}=\dfrac{7\times10}{10\times3}=\dfrac{70}{30}$ 으로 분모에는 3을, 분자에는 10을 곱하여 계산을 잘못하였습니다.

2. 통분하는 과정에서 $2\dfrac{3}{7}$ 의 진분수 부분의 분모와 분자에 0이 아닌 같은 수를 곱하여 통분해야 하는데

$2\dfrac{3}{7}=2\times5+\dfrac{3\times5}{7\times5}=10\dfrac{15}{35}$ 로 자연수에도 5를 곱하여 계산을 잘못하였습니다.

3. 받아올림이 있는 대분수의 덧셈에서는 진분수끼리의 합이 가분수이면 1을 자연수 부분으로 받아올림

해야 하는데 $3\dfrac{35}{56}+4\dfrac{44}{56}=7+\dfrac{79}{56}=7+1\dfrac{23}{56}=7\dfrac{23}{56}$ 으로 받아올림을 하지 않았습니다.

연산 UP

1. $\dfrac{29}{60}$
2. $\dfrac{7}{16}$
3. $\dfrac{3}{28}$
4. $\dfrac{1}{100}$
5. $\dfrac{13}{60}$
6. $\dfrac{52}{99}$
7. $\dfrac{5}{14}$
8. $\dfrac{1}{10}$
9. $\dfrac{2}{39}$
10. $\dfrac{1}{6}$
11. $\dfrac{9}{20}$
12. $\dfrac{33}{80}$

응용 UP

1. 식 $\dfrac{2}{3}-\dfrac{2}{9}=\dfrac{4}{9}$　답 $\dfrac{4}{9}$
2. 식 $\dfrac{5}{8}-\dfrac{4}{7}=\dfrac{3}{56}$　답 $\dfrac{3}{56}$
3. 식 $\dfrac{11}{15}-\dfrac{3}{20}=\dfrac{7}{12}$　답 $\dfrac{7}{12}$ m
4. 식 $\dfrac{9}{14}-\dfrac{1}{6}=\dfrac{10}{21}$　답 $\dfrac{10}{21}$ m

연산 UP

2. $\dfrac{1}{2}-\dfrac{1}{16}=\dfrac{8}{16}-\dfrac{1}{16}=\dfrac{7}{16}$

3. $\dfrac{6}{7}-\dfrac{3}{4}=\dfrac{24}{28}-\dfrac{21}{28}=\dfrac{3}{28}$

4. $\dfrac{3}{20}-\dfrac{7}{50}=\dfrac{15}{100}-\dfrac{14}{100}=\dfrac{1}{100}$

5. $\dfrac{5}{12}-\dfrac{1}{5}=\dfrac{25}{60}-\dfrac{12}{60}=\dfrac{13}{60}$

6. $\dfrac{8}{9}-\dfrac{4}{11}=\dfrac{88}{99}-\dfrac{36}{99}=\dfrac{52}{99}$

7. $\dfrac{5}{7}-\dfrac{5}{14}=\dfrac{10}{14}-\dfrac{5}{14}=\dfrac{5}{14}$

8. $\dfrac{4}{15}-\dfrac{1}{6}=\dfrac{8}{30}-\dfrac{5}{30}=\dfrac{3}{30}=\dfrac{1}{10}$

9. $\dfrac{2}{3}-\dfrac{8}{13}=\dfrac{26}{39}-\dfrac{24}{39}=\dfrac{2}{39}$

10. $\dfrac{8}{21}-\dfrac{3}{14}=\dfrac{16}{42}-\dfrac{9}{42}=\dfrac{7}{42}=\dfrac{1}{6}$

11. $\dfrac{5}{8}-\dfrac{7}{40}=\dfrac{25}{40}-\dfrac{7}{40}=\dfrac{18}{40}=\dfrac{9}{20}$

12. $\dfrac{13}{16}-\dfrac{2}{5}=\dfrac{65}{80}-\dfrac{32}{80}=\dfrac{33}{80}$

응용 UP

1. $\dfrac{2}{3}-\dfrac{2}{9}=\dfrac{6}{9}-\dfrac{2}{9}=\dfrac{4}{9}$

2. $\dfrac{5}{8}-\dfrac{4}{7}=\dfrac{35}{56}-\dfrac{32}{56}=\dfrac{3}{56}$

3. $\dfrac{11}{15}-\dfrac{3}{20}=\dfrac{44}{60}-\dfrac{9}{60}=\dfrac{35}{60}=\dfrac{7}{12}$ (m)

4. $\dfrac{9}{14}-\dfrac{1}{6}=\dfrac{27}{42}-\dfrac{7}{42}=\dfrac{20}{42}=\dfrac{10}{21}$ (m)

연산 UP

1 $1\dfrac{17}{32}$

2 $1\dfrac{4}{15}$

3 $\dfrac{50}{63}$

4 $\dfrac{10}{21}$

5 $1\dfrac{89}{260}$

6 $2\dfrac{1}{60}$

7 $\dfrac{13}{20}$

8 $2\dfrac{17}{42}$

9 $1\dfrac{8}{117}$

10 $2\dfrac{12}{35}$

11 $\dfrac{73}{120}$

12 $2\dfrac{26}{99}$

응용 UP

1 식 $\dfrac{5}{6}-\dfrac{11}{24}=\dfrac{3}{8}$ 답 $\dfrac{3}{8}$ 컵

2 식 $1\dfrac{7}{8}-\dfrac{3}{7}=1\dfrac{25}{56}$ 답 $1\dfrac{25}{56}$ kg

3 식 $5\dfrac{5}{18}-3\dfrac{2}{15}=2\dfrac{13}{90}$ 답 $2\dfrac{13}{90}$ m

4 식 $2\dfrac{4}{5}-1\dfrac{7}{40}=1\dfrac{5}{8}$ 답 $1\dfrac{5}{8}$ 시간

연산 UP

2 $5\dfrac{3}{5}-4\dfrac{1}{3}=5\dfrac{9}{15}-4\dfrac{5}{15}=1\dfrac{4}{15}$

3 $3\dfrac{8}{9}-3\dfrac{2}{21}=3\dfrac{56}{63}-3\dfrac{6}{63}=\dfrac{50}{63}$

4 $1\dfrac{16}{21}-1\dfrac{2}{7}=1\dfrac{16}{21}-1\dfrac{6}{21}=\dfrac{10}{21}$

5 $2\dfrac{9}{13}-1\dfrac{7}{20}=2\dfrac{180}{260}-1\dfrac{91}{260}=1\dfrac{89}{260}$

6 $5\dfrac{17}{30}-3\dfrac{11}{20}=5\dfrac{34}{60}-3\dfrac{33}{60}=2\dfrac{1}{60}$

7 $2\dfrac{9}{10}-2\dfrac{1}{4}=2\dfrac{18}{20}-2\dfrac{5}{20}=\dfrac{13}{20}$

8 $3\dfrac{5}{6}-1\dfrac{3}{7}=3\dfrac{35}{42}-1\dfrac{18}{42}=2\dfrac{17}{42}$

9 $4\dfrac{11}{13}-3\dfrac{7}{9}=4\dfrac{99}{117}-3\dfrac{91}{117}=1\dfrac{8}{117}$

10 $5\dfrac{9}{14}-3\dfrac{3}{10}=5\dfrac{45}{70}-3\dfrac{21}{70}$
$=2\dfrac{24}{70}=2\dfrac{12}{35}$

11 $1\dfrac{7}{8}-1\dfrac{4}{15}=1\dfrac{105}{120}-1\dfrac{32}{120}=\dfrac{73}{120}$

12 $4\dfrac{80}{99}-2\dfrac{6}{11}=4\dfrac{80}{99}-2\dfrac{54}{99}=2\dfrac{26}{99}$

응용 UP

1 $\dfrac{5}{6}-\dfrac{11}{24}=\dfrac{20}{24}-\dfrac{11}{24}=\dfrac{9}{24}=\dfrac{3}{8}$ (컵)

2 $1\dfrac{7}{8}-\dfrac{3}{7}=1\dfrac{49}{56}-\dfrac{24}{56}=1\dfrac{25}{56}$ (kg)

3 $5\dfrac{5}{18}-3\dfrac{2}{15}=5\dfrac{25}{90}-3\dfrac{12}{90}=2\dfrac{13}{90}$ (m)

4 $2\dfrac{4}{5}-1\dfrac{7}{40}=2\dfrac{32}{40}-1\dfrac{7}{40}=1\dfrac{25}{40}=1\dfrac{5}{8}$ (시간)

연산 UP

1. $1\dfrac{17}{40}$
2. $\dfrac{6}{7}$
3. $\dfrac{61}{66}$
4. $2\dfrac{34}{35}$
5. $\dfrac{20}{27}$
6. $1\dfrac{11}{12}$
7. $\dfrac{11}{18}$
8. $\dfrac{31}{48}$
9. $2\dfrac{15}{16}$
10. $\dfrac{143}{150}$
11. $1\dfrac{37}{42}$
12. $\dfrac{91}{100}$

응용 UP

1. 식 $2\dfrac{1}{14}-1\dfrac{3}{4}=\dfrac{9}{28}$ 답 $\dfrac{9}{28}$ kg
2. 식 $2\dfrac{9}{10}-1\dfrac{15}{16}=\dfrac{77}{80}$ 답 $\dfrac{77}{80}$ L
3. 식 $3\dfrac{5}{12}-1\dfrac{6}{7}=1\dfrac{47}{84}$ 답 $1\dfrac{47}{84}$ 컵
4. 식 $2\dfrac{4}{9}-1\dfrac{32}{63}=\dfrac{59}{63}$ 답 병원, $\dfrac{59}{63}$ km

---

연산 UP

2. $3\dfrac{5}{14}-2\dfrac{1}{2}=3\dfrac{5}{14}-2\dfrac{7}{14}$
$=2\dfrac{19}{14}-2\dfrac{7}{14}=\dfrac{12}{14}=\dfrac{6}{7}$

4. $4\dfrac{4}{7}-1\dfrac{3}{5}=4\dfrac{20}{35}-1\dfrac{21}{35}$
$=3\dfrac{55}{35}-1\dfrac{21}{35}=2\dfrac{34}{35}$

6. $4\dfrac{1}{6}-2\dfrac{1}{4}=4\dfrac{2}{12}-2\dfrac{3}{12}$
$=3\dfrac{14}{12}-2\dfrac{3}{12}=1\dfrac{11}{12}$

7. $2\dfrac{1}{9}-1\dfrac{1}{2}=2\dfrac{2}{18}-1\dfrac{9}{18}$
$=1\dfrac{20}{18}-1\dfrac{9}{18}=\dfrac{11}{18}$

8. $4\dfrac{9}{16}-3\dfrac{11}{12}=4\dfrac{27}{48}-3\dfrac{44}{48}$
$=3\dfrac{75}{48}-3\dfrac{44}{48}=\dfrac{31}{48}$

9. $7\dfrac{7}{8}-4\dfrac{15}{16}=7\dfrac{14}{16}-4\dfrac{15}{16}$
$=6\dfrac{30}{16}-4\dfrac{15}{16}=2\dfrac{15}{16}$

10. $2\dfrac{1}{30}-1\dfrac{2}{25}=2\dfrac{5}{150}-1\dfrac{12}{150}$
$=1\dfrac{155}{150}-1\dfrac{12}{150}=\dfrac{143}{150}$

11. $3\dfrac{2}{3}-1\dfrac{11}{14}=3\dfrac{28}{42}-1\dfrac{33}{42}$
$=2\dfrac{70}{42}-1\dfrac{33}{42}=1\dfrac{37}{42}$

12. $5\dfrac{3}{10}-4\dfrac{39}{100}=5\dfrac{30}{100}-4\dfrac{39}{100}$
$=4\dfrac{130}{100}-4\dfrac{39}{100}=\dfrac{91}{100}$

응용 UP

1. $2\dfrac{1}{14}-1\dfrac{3}{4}=2\dfrac{2}{28}-1\dfrac{21}{28}=1\dfrac{30}{28}-1\dfrac{21}{28}=\dfrac{9}{28}$ (kg)

2. $2\dfrac{9}{10}-1\dfrac{15}{16}=2\dfrac{72}{80}-1\dfrac{75}{80}=1\dfrac{152}{80}-1\dfrac{75}{80}=\dfrac{77}{80}$ (L)

3. $3\dfrac{5}{12}-1\dfrac{6}{7}=3\dfrac{35}{84}-1\dfrac{72}{84}=2\dfrac{119}{84}-1\dfrac{72}{84}=1\dfrac{47}{84}$ (컵)

4. $2\dfrac{4}{9}>1\dfrac{32}{63}$ 이고 $2\dfrac{4}{9}-1\dfrac{32}{63}=2\dfrac{28}{63}-1\dfrac{32}{63}=1\dfrac{91}{63}-1\dfrac{32}{63}=\dfrac{59}{63}$ 이므로

찬빈이네 집에서 병원이 $\dfrac{59}{63}$ km 더 가깝습니다.

연산 UP

1. $\dfrac{1}{3}$

2. $\dfrac{16}{21}$

3. $1\dfrac{3}{8}$

4. $2\dfrac{17}{36}$

5. $\dfrac{2}{5}$

6. $2\dfrac{17}{20}$

7. $\dfrac{1}{24}$

8. $4\dfrac{11}{12}$

9. $\dfrac{23}{52}$

10. $2\dfrac{11}{20}$

11. $1\dfrac{47}{80}$

12. $1\dfrac{15}{28}$

응용 UP

1. $\dfrac{\cancel{1}}{12}$ /

$$\dfrac{7}{12}-\dfrac{1}{2}=\dfrac{7}{12}-\dfrac{6}{12}=\dfrac{1}{12}$$

2. $2\dfrac{\cancel{99}}{72}$ /

$$2\dfrac{3}{8}-\dfrac{4}{9}=2\dfrac{27}{72}-\dfrac{32}{72}=1\dfrac{99}{72}-\dfrac{32}{72}=1\dfrac{67}{72}$$

3. $2\dfrac{\cancel{43}}{42}$ /

$$3\dfrac{4}{21}-1\dfrac{5}{6}=3\dfrac{8}{42}-1\dfrac{35}{42}=2\dfrac{50}{42}-1\dfrac{35}{42}$$
$$=1\dfrac{15}{42}=1\dfrac{5}{14}$$

연산 UP

1. $\dfrac{14}{15}-\dfrac{3}{5}=\dfrac{14}{15}-\dfrac{9}{15}=\dfrac{5}{15}=\dfrac{1}{3}$

2. $3\dfrac{1}{3}-2\dfrac{4}{7}=3\dfrac{7}{21}-2\dfrac{12}{21}$
$\qquad\qquad =2\dfrac{28}{21}-2\dfrac{12}{21}=\dfrac{16}{21}$

4. $6\dfrac{2}{9}-3\dfrac{3}{4}=6\dfrac{8}{36}-3\dfrac{27}{36}$
$\qquad\qquad =5\dfrac{44}{36}-3\dfrac{27}{36}=2\dfrac{17}{36}$

6. $4\dfrac{11}{20}-1\dfrac{7}{10}=4\dfrac{11}{20}-1\dfrac{14}{20}$
$\qquad\qquad =3\dfrac{31}{20}-1\dfrac{14}{20}=2\dfrac{17}{20}$

7. $1\dfrac{1}{6}-1\dfrac{1}{8}=1\dfrac{4}{24}-1\dfrac{3}{24}=\dfrac{1}{24}$

8. $5\dfrac{7}{12}-\dfrac{2}{3}=5\dfrac{7}{12}-\dfrac{8}{12}$
$\qquad\qquad =4\dfrac{19}{12}-\dfrac{8}{12}=4\dfrac{11}{12}$

9. $\dfrac{3}{4}-\dfrac{4}{13}=\dfrac{39}{52}-\dfrac{16}{52}=\dfrac{23}{52}$

10. $3-\dfrac{9}{20}=2\dfrac{20}{20}-\dfrac{9}{20}=2\dfrac{11}{20}$

11. $2\dfrac{2}{5}-\dfrac{13}{16}=2\dfrac{32}{80}-\dfrac{65}{80}$
$\qquad\qquad =1\dfrac{112}{80}-\dfrac{65}{80}=1\dfrac{47}{80}$

12. $3\dfrac{9}{28}-1\dfrac{11}{14}=3\dfrac{9}{28}-1\dfrac{22}{28}$
$\qquad\qquad =2\dfrac{37}{28}-1\dfrac{22}{28}=1\dfrac{15}{28}$

응용 UP

1. 통분하는 과정에서 $\dfrac{1}{2}$ 의 분모와 분자에 0이 아닌 같은 수를 곱하여 통분해야 하는데

$\dfrac{1}{2}=\dfrac{1}{2\times 6}=\dfrac{1}{12}$ 로 분모에만 6을 곱하여 계산을 잘못하였습니다.

2. 자연수 부분에서 1을 받아내림할 때 $2\dfrac{27}{72}=2\dfrac{99}{72}$ 로 받아내림한 수를 빼지 않고 계산하였습니다.

3. 자연수 부분에서 1을 받아내림할 때 $1=\dfrac{42}{42}$ 이므로 $3\dfrac{8}{42}=2\dfrac{50}{42}$ 으로 계산해야 하는데

$3\dfrac{8}{42}=2\dfrac{43}{42}$ 으로 (분자)=(분모)+1로 계산을 잘못하였습니다.

연산 UP

1. $\dfrac{7}{100}$

2. $2\dfrac{11}{12}$

3. $3\dfrac{5}{21}$

4. $2\dfrac{83}{90}$

5. $\dfrac{5}{12}$

6. $2\dfrac{5}{9}$

7. $\dfrac{11}{15}$

8. $3\dfrac{3}{44}$

9. $\dfrac{7}{20}$

10. $\dfrac{55}{56}$

11. $1\dfrac{13}{24}$

12. $1\dfrac{13}{24}$

응용 UP

1. $\dfrac{4}{7}-\dfrac{1}{3}=\dfrac{5}{21}$

2. $\dfrac{1}{4}+\dfrac{3}{16}=\dfrac{7}{16}$

3. $\dfrac{14}{15}-\dfrac{7}{10}=\dfrac{7}{30}$

4. $\dfrac{7}{8}+\dfrac{4}{21}=1\dfrac{11}{168}$

5. $\dfrac{5}{9}+1\dfrac{5}{12}=1\dfrac{35}{36}$

6. $\dfrac{1}{5}-\dfrac{2}{45}=\dfrac{7}{45}$

7. $1\dfrac{8}{11}+2\dfrac{5}{6}=4\dfrac{37}{66}$

8. $\dfrac{23}{30}-\dfrac{7}{12}=\dfrac{11}{60}$

연산 UP

1. $\dfrac{1}{20}+\dfrac{1}{50}=\dfrac{5}{100}+\dfrac{2}{100}=\dfrac{7}{100}$

2. $1\dfrac{3}{4}+1\dfrac{1}{6}=1\dfrac{9}{12}+1\dfrac{2}{12}=2\dfrac{11}{12}$

3. $\dfrac{4}{7}+2\dfrac{2}{3}=\dfrac{12}{21}+2\dfrac{14}{21}=2\dfrac{26}{21}=3\dfrac{5}{21}$

4. $2\dfrac{2}{9}+\dfrac{7}{10}=2\dfrac{20}{90}+\dfrac{63}{90}=2\dfrac{83}{90}$

5. $\dfrac{1}{12}+\dfrac{1}{3}=\dfrac{1}{12}+\dfrac{4}{12}=\dfrac{5}{12}$

6. $1\dfrac{1}{3}+1\dfrac{2}{9}=1\dfrac{3}{9}+1\dfrac{2}{9}=2\dfrac{5}{9}$

7. $\dfrac{5}{6}-\dfrac{1}{10}=\dfrac{25}{30}-\dfrac{3}{30}=\dfrac{22}{30}=\dfrac{11}{15}$

8. $3\dfrac{9}{11}-\dfrac{3}{4}=3\dfrac{36}{44}-\dfrac{33}{44}=3\dfrac{3}{44}$

9. $\dfrac{3}{4}-\dfrac{2}{5}=\dfrac{15}{20}-\dfrac{8}{20}=\dfrac{7}{20}$

10. $5\dfrac{17}{28}-4\dfrac{5}{8}=5\dfrac{34}{56}-4\dfrac{35}{56}$
$=4\dfrac{90}{56}-4\dfrac{35}{56}=\dfrac{55}{56}$

11. $2\dfrac{5}{12}-\dfrac{7}{8}=2\dfrac{10}{24}-\dfrac{21}{24}$
$=1\dfrac{34}{24}-\dfrac{21}{24}=1\dfrac{13}{24}$

12. $4\dfrac{5}{36}-2\dfrac{43}{72}=4\dfrac{10}{72}-2\dfrac{43}{72}$
$=3\dfrac{82}{72}-2\dfrac{43}{72}=1\dfrac{39}{72}=1\dfrac{13}{24}$

응용 UP

2. $\square=\dfrac{1}{4}+\dfrac{3}{16}=\dfrac{4}{16}+\dfrac{3}{16}=\dfrac{7}{16}$

3. $\square=\dfrac{14}{15}-\dfrac{7}{10}=\dfrac{28}{30}-\dfrac{21}{30}=\dfrac{7}{30}$

4. $\square=\dfrac{7}{8}+\dfrac{4}{21}=\dfrac{147}{168}+\dfrac{32}{168}$
$=\dfrac{179}{168}=1\dfrac{11}{168}$

5. $\square=\dfrac{5}{9}+1\dfrac{5}{12}=\dfrac{20}{36}+1\dfrac{15}{36}=1\dfrac{35}{36}$

6. $\square=\dfrac{1}{5}-\dfrac{2}{45}=\dfrac{9}{45}-\dfrac{2}{45}=\dfrac{7}{45}$

7. $\square=1\dfrac{8}{11}+2\dfrac{5}{6}=1\dfrac{48}{66}+2\dfrac{55}{66}$
$=3\dfrac{103}{66}=4\dfrac{37}{66}$

8. $\square=\dfrac{23}{30}-\dfrac{7}{12}=\dfrac{46}{60}-\dfrac{35}{60}=\dfrac{11}{60}$

연산 UP

1. $3\frac{11}{36}$
2. $2\frac{5}{16}$
3. $\frac{29}{48}$
4. $\frac{24}{35}$
5. $4\frac{5}{14}$
6. $1\frac{19}{20}$
7. $4\frac{7}{72}$
8. $\frac{41}{77}$
9. $2\frac{7}{10}$
10. $2\frac{5}{18}$
11. $1\frac{1}{10}$
12. $2\frac{13}{16}$

응용 UP

1. $2\frac{3}{5},\ 5\frac{2}{3}\ /\ 8\frac{4}{15}$
2. $5\frac{19}{28}$
3. $12\frac{1}{63}$
4. $1\frac{19}{56}$

연산 UP

1. $2\frac{3}{4}+\frac{5}{9}=2\frac{27}{36}+\frac{20}{36}=2\frac{47}{36}=3\frac{11}{36}$

2. $3\frac{7}{16}-1\frac{1}{8}=3\frac{7}{16}-1\frac{2}{16}=2\frac{5}{16}$

3. $\frac{5}{12}+\frac{3}{16}=\frac{20}{48}+\frac{9}{48}=\frac{29}{48}$

4. $1\frac{2}{5}-\frac{5}{7}=1\frac{14}{35}-\frac{25}{35}=\frac{49}{35}-\frac{25}{35}=\frac{24}{35}$

5. $1\frac{6}{7}+2\frac{1}{2}=1\frac{12}{14}+2\frac{7}{14}=3\frac{19}{14}=4\frac{5}{14}$

6. $2-\frac{1}{20}=1\frac{20}{20}-\frac{1}{20}=1\frac{19}{20}$

7. $\frac{1}{24}+4\frac{1}{18}=\frac{3}{72}+4\frac{4}{72}=4\frac{7}{72}$

8. $\frac{5}{7}-\frac{2}{11}=\frac{55}{77}-\frac{14}{77}=\frac{41}{77}$

9. $1\frac{3}{4}+\frac{19}{20}=1\frac{15}{20}+\frac{19}{20}=1\frac{34}{20}$
$=2\frac{14}{20}=2\frac{7}{10}$

10. $5\frac{1}{6}-2\frac{8}{9}=5\frac{3}{18}-2\frac{16}{18}$
$=4\frac{21}{18}-2\frac{16}{18}=2\frac{5}{18}$

11. $\frac{9}{10}+\frac{1}{5}=\frac{9}{10}+\frac{2}{10}=\frac{11}{10}=1\frac{1}{10}$

12. $4-1\frac{3}{16}=3\frac{16}{16}-1\frac{3}{16}=2\frac{13}{16}$

응용 UP

1. $2\frac{3}{5}+5\frac{2}{3}=2\frac{9}{15}+5\frac{10}{15}=7\frac{19}{15}=8\frac{4}{15}$

2. 가장 큰 대분수: $7\frac{1}{4}$, 가장 작은 대분수: $1\frac{4}{7}$
➡ $7\frac{1}{4}-1\frac{4}{7}=7\frac{7}{28}-1\frac{16}{28}=6\frac{35}{28}-1\frac{16}{28}=5\frac{19}{28}$

3. 가장 큰 대분수: $9\frac{4}{7}$, 가장 작은 대분수: $2\frac{4}{9}$
➡ $9\frac{4}{7}+2\frac{4}{9}=9\frac{36}{63}+2\frac{28}{63}=11\frac{64}{63}=12\frac{1}{63}$

4. [수아] 가장 작은 대분수: $1\frac{3}{8}$, [태웅] 가장 작은 대분수: $2\frac{5}{7}$
➡ $2\frac{5}{7}-1\frac{3}{8}=2\frac{40}{56}-1\frac{21}{56}=1\frac{19}{56}$

연산 UP

1 1

2 $1\frac{1}{6}$

3 $1\frac{53}{60}$

4 $\frac{1}{40}$

5 $4\frac{5}{6}$

6 1

7 $\frac{5}{6}$

8 $3\frac{31}{60}$

9 $2\frac{9}{20}$

10 $2\frac{15}{88}$

응용 UP

1 $3\frac{2}{3}$ m

2 $11\frac{1}{4}$ m

3 $9\frac{43}{90}$ m

4 $5\frac{1}{20}$ m

연산 UP

3 $\dfrac{11}{15}+\dfrac{2}{5}+\dfrac{3}{4}=\dfrac{11}{15}+\dfrac{6}{15}+\dfrac{3}{4}$
$=1\dfrac{2}{15}+\dfrac{3}{4}=1\dfrac{8}{60}+\dfrac{45}{60}$
$=1\dfrac{53}{60}$

4 $\dfrac{7}{8}-\dfrac{1}{4}-\dfrac{3}{5}=\dfrac{7}{8}-\dfrac{2}{8}-\dfrac{3}{5}$
$=\dfrac{5}{8}-\dfrac{3}{5}=\dfrac{25}{40}-\dfrac{24}{40}$
$=\dfrac{1}{40}$

5 $1\dfrac{9}{10}+\dfrac{2}{3}+2\dfrac{4}{15}=1\dfrac{27}{30}+\dfrac{20}{30}+2\dfrac{4}{15}$
$=1\dfrac{47}{30}+2\dfrac{4}{15}$
$=2\dfrac{17}{30}+2\dfrac{8}{30}$
$=4\dfrac{25}{30}=4\dfrac{5}{6}$

6 $\dfrac{4}{5}+\dfrac{1}{2}-\dfrac{3}{10}=\dfrac{8}{10}+\dfrac{5}{10}-\dfrac{3}{10}$
$=\dfrac{13}{10}-\dfrac{3}{10}$
$=\dfrac{10}{10}=1$

7 $1\dfrac{5}{12}-\dfrac{5}{6}+\dfrac{1}{4}=1\dfrac{5}{12}-\dfrac{10}{12}+\dfrac{1}{4}$
$=\dfrac{17}{12}-\dfrac{10}{12}+\dfrac{1}{4}$
$=\dfrac{7}{12}+\dfrac{3}{12}=\dfrac{10}{12}=\dfrac{5}{6}$

8 $1\dfrac{1}{4}+2\dfrac{2}{3}-\dfrac{2}{5}=1\dfrac{3}{12}+2\dfrac{8}{12}-\dfrac{2}{5}$
$=3\dfrac{11}{12}-\dfrac{2}{5}=3\dfrac{55}{60}-\dfrac{24}{60}$
$=3\dfrac{31}{60}$

9 $3-1\dfrac{1}{5}+\dfrac{13}{20}=2\dfrac{5}{5}-1\dfrac{1}{5}+\dfrac{13}{20}$
$=1\dfrac{4}{5}+\dfrac{13}{20}=1\dfrac{16}{20}+\dfrac{13}{20}$
$=1\dfrac{29}{20}=2\dfrac{9}{20}$

10 $\dfrac{1}{2}+3\dfrac{6}{11}-1\dfrac{7}{8}=\dfrac{11}{22}+3\dfrac{12}{22}-1\dfrac{7}{8}$
$=3\dfrac{23}{22}-1\dfrac{7}{8}$
$=3\dfrac{92}{88}-1\dfrac{77}{88}=2\dfrac{15}{88}$

응용 UP

2 (이어 붙인 색 테이프의 전체 길이)$=6\dfrac{3}{8}+6\dfrac{3}{8}-1\dfrac{1}{2}=12\dfrac{3}{4}-1\dfrac{1}{2}=11\dfrac{1}{4}$ (m)

3 (이어 붙인 색 테이프의 전체 길이)$=5\dfrac{2}{3}+4\dfrac{7}{10}-\dfrac{8}{9}=9\dfrac{41}{30}-\dfrac{8}{9}=9\dfrac{43}{90}$ (m)

4 (이어 붙인 색 테이프의 전체 길이)$=2\dfrac{1}{12}+3\dfrac{2}{5}-\dfrac{13}{30}=5\dfrac{29}{60}-\dfrac{13}{30}=5\dfrac{3}{60}=5\dfrac{1}{20}$ (m)

연산 UP

1 $\dfrac{7}{8}-\dfrac{5}{12}=\dfrac{11}{24}$

2 $\dfrac{9}{10}-\dfrac{1}{2}=\dfrac{2}{5}$

3 $\dfrac{1}{3}-\dfrac{1}{4}=\dfrac{1}{12}$

4 $6\dfrac{3}{4}-4\dfrac{2}{5}=2\dfrac{7}{20}$

5 $\dfrac{7}{12}-\dfrac{4}{9}=\dfrac{5}{36}$

바로개념 $7-4, 3 / 4+3, 7 / 7-3, 4$

6 $\dfrac{3}{4}+\dfrac{5}{6}=1\dfrac{7}{12}$

7 $\dfrac{9}{20}-\dfrac{13}{30}=\dfrac{1}{60}$

8 $1\dfrac{2}{9}+1\dfrac{3}{8}=2\dfrac{43}{72}$

9 $\dfrac{11}{14}-\dfrac{4}{7}=\dfrac{3}{14}$

응용 UP

1 $\dfrac{1}{72}$

2 $3\dfrac{1}{12}$

3 $\dfrac{11}{24}$

4 $1\dfrac{3}{5}$

연산 UP

2 $\square=\dfrac{9}{10}-\dfrac{1}{2}=\dfrac{9}{10}-\dfrac{5}{10}=\dfrac{4}{10}=\dfrac{2}{5}$

3 $\square=\dfrac{1}{3}-\dfrac{1}{4}=\dfrac{4}{12}-\dfrac{3}{12}=\dfrac{1}{12}$

4 $\square=6\dfrac{3}{4}-4\dfrac{2}{5}=6\dfrac{15}{20}-4\dfrac{8}{20}=2\dfrac{7}{20}$

5 $\square=\dfrac{7}{12}-\dfrac{4}{9}=\dfrac{21}{36}-\dfrac{16}{36}=\dfrac{5}{36}$

7 $\square=\dfrac{9}{20}-\dfrac{13}{30}=\dfrac{27}{60}-\dfrac{26}{60}=\dfrac{1}{60}$

8 $\square=1\dfrac{2}{9}+1\dfrac{3}{8}=1\dfrac{16}{72}+1\dfrac{27}{72}=2\dfrac{43}{72}$

9 $\square=\dfrac{11}{14}-\dfrac{4}{7}=\dfrac{11}{14}-\dfrac{8}{14}=\dfrac{3}{14}$

응용 UP

2 $\square-1\dfrac{3}{4}=1\dfrac{1}{3}$

➡ $\square=1\dfrac{1}{3}+1\dfrac{3}{4}=1\dfrac{4}{12}+1\dfrac{9}{12}=2\dfrac{13}{12}=3\dfrac{1}{12}$

3 $\dfrac{5}{6}-\square=\dfrac{3}{8}$

➡ $\square=\dfrac{5}{6}-\dfrac{3}{8}=\dfrac{20}{24}-\dfrac{9}{24}=\dfrac{11}{24}$

4 $\square-\dfrac{2}{3}=\dfrac{4}{15}$

➡ $\square=\dfrac{4}{15}+\dfrac{2}{3}=\dfrac{4}{15}+\dfrac{10}{15}=\dfrac{14}{15}$

[바른 계산]

$\dfrac{14}{15}+\dfrac{2}{3}=\dfrac{14}{15}+\dfrac{10}{15}=\dfrac{24}{15}=1\dfrac{9}{15}=1\dfrac{3}{5}$

1 (1) $2\dfrac{17}{45}$ (2) $\dfrac{25}{42}$

(3) $1\dfrac{11}{15}$ (4) $2\dfrac{13}{48}$

(5) $\dfrac{21}{110}$ (6) $1\dfrac{1}{21}$

(7) $1\dfrac{23}{28}$ (8) $\dfrac{5}{12}$

2 (1) $\dfrac{37}{84}$ (2) $1\dfrac{13}{20}$

(3) $3\dfrac{13}{30}$ (4) $\dfrac{19}{36}$

3 $1\dfrac{11}{40}$ 컵

4 $2\dfrac{23}{42}$ kg

5 $6\dfrac{1}{3}$ m

6 $14\dfrac{16}{45}$

7 $1\dfrac{17}{60}$

---

1 (7) $2-\dfrac{1}{8}-\dfrac{3}{56}=1\dfrac{8}{8}-\dfrac{1}{8}-\dfrac{3}{56}$

$=1\dfrac{7}{8}-\dfrac{3}{56}=1\dfrac{49}{56}-\dfrac{3}{56}$

$=1\dfrac{46}{56}=1\dfrac{23}{28}$

(8) $\dfrac{3}{4}+\dfrac{1}{2}-\dfrac{5}{6}=\dfrac{3}{4}+\dfrac{2}{4}-\dfrac{5}{6}$

$=\dfrac{5}{4}-\dfrac{5}{6}=\dfrac{15}{12}-\dfrac{10}{12}=\dfrac{5}{12}$

2 (1) $\dfrac{5}{12}+\square=\dfrac{6}{7}$

➡ $\square=\dfrac{6}{7}-\dfrac{5}{12}=\dfrac{72}{84}-\dfrac{35}{84}=\dfrac{37}{84}$

(2) $\square-\dfrac{4}{5}=\dfrac{17}{20}$

➡ $\square=\dfrac{17}{20}+\dfrac{4}{5}=\dfrac{17}{20}+\dfrac{16}{20}=\dfrac{33}{20}=1\dfrac{13}{20}$

(3) $\square+\dfrac{3}{10}=3\dfrac{11}{15}$

➡ $\square=3\dfrac{11}{15}-\dfrac{3}{10}=3\dfrac{22}{30}-\dfrac{9}{30}=3\dfrac{13}{30}$

(4) $2\dfrac{1}{4}-\square=1\dfrac{13}{18}$

➡ $\square=2\dfrac{1}{4}-1\dfrac{13}{18}=2\dfrac{9}{36}-1\dfrac{26}{36}$

$=1\dfrac{45}{36}-1\dfrac{26}{36}=\dfrac{19}{36}$

3 $\dfrac{13}{20}+\dfrac{5}{8}=\dfrac{26}{40}+\dfrac{25}{40}=\dfrac{51}{40}=1\dfrac{11}{40}$ (컵)

4 $2\dfrac{5}{6}-\dfrac{2}{7}=2\dfrac{35}{42}-\dfrac{12}{42}=2\dfrac{23}{42}$ (kg)

5 $4\dfrac{3}{4}+2\dfrac{11}{24}-\dfrac{7}{8}=4\dfrac{18}{24}+2\dfrac{11}{24}-\dfrac{7}{8}=6\dfrac{29}{24}-\dfrac{21}{24}=6\dfrac{8}{24}=6\dfrac{1}{3}$ (m)

6 가장 큰 대분수: $9\dfrac{4}{5}$, 가장 작은 대분수: $4\dfrac{5}{9}$

➡ $9\dfrac{4}{5}+4\dfrac{5}{9}=9\dfrac{36}{45}+4\dfrac{25}{45}=13\dfrac{61}{45}=14\dfrac{16}{45}$

7 어떤 수를 $\square$라고 하면 $\square+\dfrac{9}{10}=3\dfrac{1}{12}$

➡ $\square=3\dfrac{1}{12}-\dfrac{9}{10}=3\dfrac{5}{60}-\dfrac{54}{60}=2\dfrac{65}{60}-\dfrac{54}{60}=2\dfrac{11}{60}$

[바른 계산] $2\dfrac{11}{60}-\dfrac{9}{10}=2\dfrac{11}{60}-\dfrac{54}{60}=1\dfrac{71}{60}-\dfrac{54}{60}=1\dfrac{17}{60}$

05 다각형의 둘레와 넓이

DAY 39

103쪽
104쪽

연산 UP

1	35 cm	바로개념 5	
2	32 cm	5	27 cm
3	30 cm	6	32 cm
4	90 cm	7	72 cm

응용 UP

1	5 cm	바로개념 3	
2	3 cm	4	6 cm
3	9 cm	5	7 cm

응용 UP

2 □=(정팔각형의 한 변)
　　$=24 \div 8 = 3$

4 □=(정십각형의 한 변)
　　$=60 \div 10 = 6$

3 □=(정오각형의 한 변)
　　$=45 \div 5 = 9$

5 □=(정육각형의 한 변)
　　$=42 \div 6 = 7$

DAY 40

105쪽
106쪽

연산 UP

1	24 cm	바로개념 4, 4, 2, 2	
2	20 cm	5	28 cm
3	28 cm	6	26 cm
4	36 cm	7	26 cm

응용 UP

1	10	4	11
2	7 바로개념 4	5	12 바로개념 2
3	9	6	5

응용 UP

2 $□=28 \div 4 = 7$

5 $9+□=42 \div 2 = 21$
　➡ $□=21-9=12$

3 $□=36 \div 4 = 9$

6 $□+6=22 \div 2 = 11$
　➡ $□=11-6=5$

연산 UP

1. 24 cm
2. 70 cm
3. 40 cm
4. 24 cm
5. 22 cm
6. 20 cm
7. 56 cm
8. 40 cm

응용 UP

1. 12 cm
2. 30 cm
3. 18 cm
4. 52 m
5. 34 cm

응용 UP

2 (평행사변형의 둘레)
$=(5+10) \times 2=30 \text{(cm)}$

4 (정사각형 모양의 리듬체조 경기장의 둘레)
$=13 \times 4=52 \text{(m)}$

3 (직사각형의 둘레)
$=(7+2) \times 2=18 \text{(cm)}$

5 (세로)$=11-5=6 \text{(cm)}$
(직사각형의 둘레)
$=(11+6) \times 2=34 \text{(cm)}$

연산 UP

1. 42 cm^2
2. 10 cm^2
3. 200 cm^2
4. 81 cm^2

바로개념 세로, 높이

5. 48 cm^2
6. 100 cm^2
7. 132 cm^2

응용 UP

1. 8 바로개념 세로
2. 7
3. 4
4. 4 바로개념 밑변
5. 11
6. 15

응용 UP

2 $\square=84 \div 12=7$
4 $\square=24 \div 6=4$
6 $\square=150 \div 10=15$

3 $\square=16 \div 4=4$
5 $\square=99 \div 9=11$

연산 UP

1. 45 cm^2

바로개념 밑변, 2

2. 24 cm^2
3. 5 cm^2
4. 32 cm^2
5. 27 cm^2

바로개념 2

6. 56 cm^2
7. 102 cm^2
8. 260 cm^2

응용 UP

1. 7

바로개념 2

2. 9
3. 12
4. 8

바로개념 2

5. 11
6. 12

응용 UP $\boxed{2}$ $14 \times \square = 63 \times 2 = 126,$
$\square = 126 \div 14 = 9$

$\boxed{4}$ $15 \times \square = 60 \times 2 = 120,$
$\square = 120 \div 15 = 8$

$\boxed{6}$ $\square \times 8 = 48 \times 2 = 96,$
$\square = 96 \div 8 = 12$

$\boxed{3}$ $\square \times 9 = 54 \times 2 = 108,$
$\square = 108 \div 9 = 12$

$\boxed{5}$ $\square \times 10 = 55 \times 2 = 110,$
$\square = 110 \div 10 = 11$

DAY 44

113쪽
114쪽

연산 UP

$\boxed{1}$ 55 cm^2

$\boxed{2}$ 30 cm^2

$\boxed{3}$ 90 cm^2

$\boxed{4}$ 64 cm^2

바로개념 높이

$\boxed{5}$ 195 cm^2

$\boxed{6}$ 100 cm^2

$\boxed{7}$ 63 cm^2

응용 UP

$\boxed{1}$ 4 바로개념 2

$\boxed{2}$ 6

$\boxed{3}$ 14

$\boxed{4}$ 10

$\boxed{5}$ 8

$\boxed{6}$ 11

응용 UP $\boxed{2}$ $12 \times \square = 36 \times 2 = 72,$
$\square = 72 \div 12 = 6$

$\boxed{4}$ $16 \times \square = 80 \times 2 = 160,$
$\square = 160 \div 16 = 10$

$\boxed{6}$ $30 \times \square = 165 \times 2 = 330,$
$\square = 330 \div 30 = 11$

$\boxed{3}$ $35 \times \square = 245 \times 2 = 490,$
$\square = 490 \div 35 = 14$

$\boxed{5}$ $13 \times \square = 52 \times 2 = 104,$
$\square = 104 \div 13 = 8$

DAY 45

115쪽
116쪽

연산 UP

$\boxed{1}$ 72 cm^2

$\boxed{2}$ 72 cm^2

$\boxed{3}$ 225 cm^2

$\boxed{4}$ 49 cm^2

$\boxed{5}$ 21 cm^2

$\boxed{6}$ 30 cm^2

$\boxed{7}$ 96 cm^2

$\boxed{8}$ 77 cm^2

응용 UP

$\boxed{1}$ 49 cm^2

$\boxed{2}$ 115 cm^2

$\boxed{3}$ 45 cm^2

$\boxed{4}$ 90 cm^2

$\boxed{5}$ 130 cm^2

응용 UP $\boxed{1}$ (정사각형의 넓이)
$= 7 \times 7 = 49 \,(\text{cm}^2)$

$\boxed{3}$ (삼각형의 넓이)
$= 9 \times 10 \div 2 = 45 \,(\text{cm}^2)$

$\boxed{5}$ (마름모의 넓이)
$= 20 \times 13 \div 2 = 130 \,(\text{cm}^2)$

$\boxed{2}$ (사다리꼴의 넓이)
$= (15 + 8) \times 10 \div 2 = 115 \,(\text{cm}^2)$

$\boxed{4}$ (평행사변형의 넓이)
$= 6 \times 15 = 90 \,(\text{cm}^2)$

연산 UP

1	36 cm, 77 cm^2	4	54 cm, 136 cm^2
2	32 cm, 64 cm^2	5	40 cm, 96 cm^2
3	30 cm, 30 cm^2	6	58 cm, 180 cm^2

응용 UP

1	$18 \times 9 = 162 \,(m^2)$, 162 m^2	3	72 m^2
2	4000 m^2	4	24 m^2

연산 UP

1 (직사각형의 둘레)
$= (7 + 11) \times 2 = 36 \,(cm)$
(직사각형의 넓이)
$= 7 \times 11 = 77 \,(cm^2)$

2 (정사각형의 둘레)
$= 8 \times 4 = 32 \,(cm)$
(정사각형의 넓이)
$= 8 \times 8 = 64 \,(cm^2)$

3 (삼각형의 둘레)
$= 12 + 13 + 5 = 30 \,(cm)$
(삼각형의 넓이)
$= 12 \times 5 \div 2 = 30 \,(cm^2)$

4 (평행사변형의 둘레)
$= (17 + 10) \times 2 = 54 \,(cm)$
(평행사변형의 넓이)
$= 17 \times 8 = 136 \,(cm^2)$

5 (마름모의 둘레)
$= 10 \times 4 = 40 \,(cm)$
(마름모의 넓이)
$= 16 \times 12 \div 2 = 96 \,(cm^2)$

6 (직사각형의 둘레)
$= (20 + 9) \times 2 = 58 \,(cm)$
(직사각형의 넓이)
$= 20 \times 9 = 180 \,(cm^2)$

응용 UP

2 (축구 경기장의 넓이) = (직사각형의 넓이)
$= 80 \times 50 = 4000 \,(m^2)$

3 (과수원의 넓이) = (마름모의 넓이)
$= (8 \times 2) \times 9 \div 2 = 72 \,(m^2)$

4 (꽃밭의 넓이) = (사다리꼴의 넓이)
$= (5 + 7) \times 4 \div 2 = 24 \,(m^2)$

연산 UP

1	48 cm^2	5	108 cm^2
2	60 cm^2	6	16 cm^2
3	240 cm^2	7	60 cm^2
4	60 cm^2	8	66 cm^2

응용 UP

1	40000, 4	4	96000000, 96
2	540000, 54	5	195000000, 195
3	700000, 70	6	121000000, 121

응용 UP

1 (정사각형의 넓이) $= 200 \times 200$
$= 40000 \,(cm^2)$
(정사각형의 넓이) $= 2 \times 2 = 4 \,(m^2)$

2 (직사각형의 넓이) $= 900 \times 600$
$= 540000 \,(cm^2)$
(직사각형의 넓이) $= 9 \times 6 = 54 \,(m^2)$

3 (직사각형의 넓이) $= 700 \times 1000$
$= 700000 \,(cm^2)$
(직사각형의 넓이) $= 7 \times 10 = 70 \,(m^2)$

4 (직사각형의 넓이) $= 12000 \times 8000$
$= 96000000 \,(m^2)$
(직사각형의 넓이) $= 12 \times 8 = 96 \,(km^2)$

5 (직사각형의 넓이) $= 13000 \times 15000$
$= 195000000 \,(m^2)$
(직사각형의 넓이) $= 13 \times 15 = 195 \,(km^2)$

6 (정사각형의 넓이) $= 11000 \times 11000$
$= 121000000 \,(m^2)$
(정사각형의 넓이) $= 11 \times 11 = 121 \,(km^2)$

DAY 48	응용 UP			응용 UP		
121쪽 122쪽	1	22 cm	4 34 cm	1	56 cm	4 70 cm
	2	48 cm	5 52 cm	2	130 cm	5 62 cm
	3	44 cm	6 74 cm	3	106 cm	6 70 cm

응용 UP (121쪽)

1 (도형의 둘레)=(직사각형의 둘레)
   $=(7+4)\times2=22$(cm)

2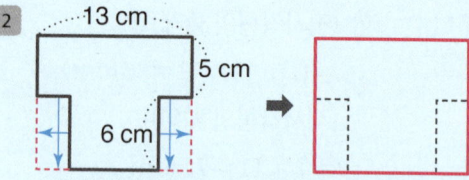

(도형의 둘레)=(직사각형의 둘레)
   $=(13+5+6)\times2=48$(cm)

3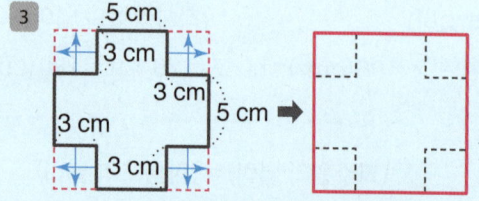

(도형의 둘레)=(정사각형의 둘레)
   $=(3+5+3)\times4=44$(cm)

4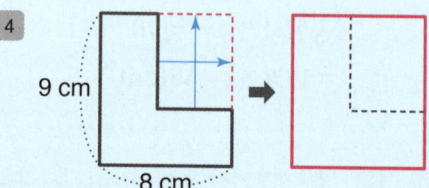

(도형의 둘레)=(직사각형의 둘레)
   $=(8+9)\times2=34$(cm)

5 (도형의 둘레)=(직사각형의 둘레)
   $=(15+11)\times2=52$(cm)

6 (도형의 둘레)=(직사각형의 둘레)
   $=(20+17)\times2=74$(cm)

응용 UP (122쪽)

1 (도형의 둘레)
   =(큰 직사각형의 둘레)+(작은 직사각형의 둘레)
   $=(10+8)\times2+(6+4)\times2=56$(cm)

2 (도형의 둘레)
   =(정사각형의 둘레)+(직사각형의 둘레)
   $=20\times4+(11+14)\times2=130$(cm)

3 (도형의 둘레)
   =(가장 큰 직사각형의 둘레)
   　+(가장 작은 직사각형의 둘레)
   　+(중간 직사각형의 둘레)
   $=(12+15)\times2+(9+3)\times2+(9+5)\times2$
   $=106$(cm)

4 (도형의 둘레)
   =(직사각형의 둘레)+5×2
   $=(14+16)\times2+10=70$(cm)

5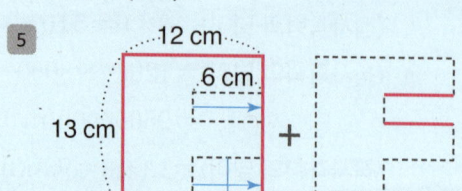

(도형의 둘레)
   =(직사각형의 둘레)+6×2
   $=(12+13)\times2+12=62$(cm)

6 (도형의 둘레)
   =(직사각형의 둘레)+4×4
   $=(4+5+4+14)\times2+16=70$(cm)

응용 UP

1	76 cm²	4	35 cm²
2	96 cm²	5	142 cm²
3	66 cm²	6	44 cm²

응용 UP

1	57 cm²	4	75 cm²
2	117 cm²	5	96 cm²
3	48 cm²	6	117 cm²

DAY 49

123쪽
124쪽

응용 UP 1
(123쪽)

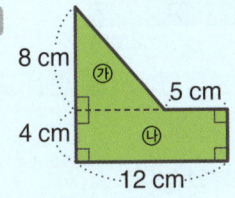

(다각형의 넓이)

=(삼각형 ㉮의 넓이)+(직사각형 ㉯의 넓이)

$=(12-5)\times8\div2+12\times4$

$=28+48$

$=76\,(cm^2)$

2

(다각형의 넓이)

=(평행사변형 ㉮의 넓이)

   +(평행사변형 ㉯의 넓이)

$=6\times8+6\times8$

$=48+48$

$=96\,(cm^2)$

3

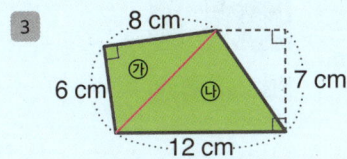

(다각형의 넓이)

=(삼각형 ㉮의 넓이)+(삼각형 ㉯의 넓이)

$=8\times6\div2+12\times7\div2$

$=24+42$

$=66\,(cm^2)$

4

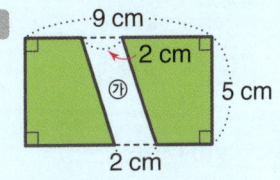

(색칠한 부분의 넓이)

=(큰 직사각형의 넓이)-(평행사변형 ㉮의 넓이)

$=9\times5-2\times5$

$=45-10$

$=35\,(cm^2)$

5

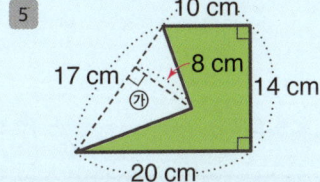

(다각형의 넓이)

=(큰 사다리꼴의 넓이)-(삼각형 ㉮의 넓이)

$=(10+20)\times14\div2-17\times8\div2$

$=210-68$

$=142\,(cm^2)$

6

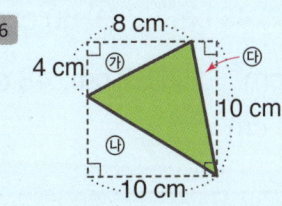

(다각형의 넓이)

=(큰 정사각형의 넓이)-(삼각형 ㉮의 넓이)

   -(삼각형 ㉯의 넓이)-(삼각형 ㉰의 넓이)

$=10\times10-8\times4\div2-10\times(10-4)\div2$

   $-(10-8)\times10\div2$

$=100-16-30-10$

$=44\,(cm^2)$

1 (다각형의 넓이)

= (큰 직사각형의 넓이)

  −(작은 직사각형의 넓이)

$= 7 \times 9 - 2 \times 3$

$= 63 - 6 = 57 (\text{cm}^2)$

2 (다각형의 넓이)

= (큰 직사각형의 넓이)

  −(작은 직사각형의 넓이)×2

$= 11 \times 15 - (8 \times 3) \times 2$

$= 165 - 48 = 117 (\text{cm}^2)$

3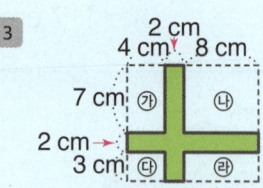

큰 직사각형의 넓이에서

직사각형 ㉮, ㉯, ㉰, ㉭의 넓이를 뺍니다.

(색칠한 부분의 넓이)

$= (4+2+8) \times (7+2+3) - 4 \times 7 - 8 \times 7$

  $- 4 \times 3 - 8 \times 3$

$= 168 - 28 - 56 - 12 - 24 = 48 (\text{cm}^2)$

4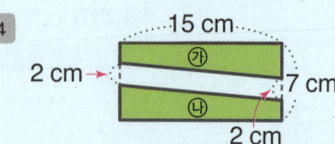

길이 난 부분을 없애서 ㉮, ㉯를 모으면

직사각형이 됩니다.

(색칠한 부분의 넓이)

= (㉮, ㉯를 모은 직사각형의 넓이)

$= 15 \times (7-2) = 75 (\text{cm}^2)$

<참고> 123쪽 **4** 번과 같이 큰 직사각형의

       넓이에서 평행사변형의 넓이를 빼

       서 구할 수도 있습니다.

5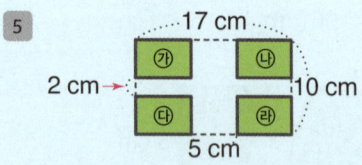

(색칠한 부분의 넓이)

= (㉮, ㉯, ㉰, ㉭를 모은 직사각형의 넓이)

$= (17-5) \times (10-2) = 96 (\text{cm}^2)$

6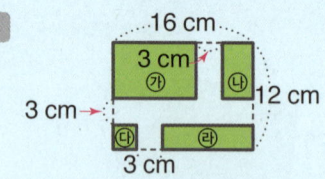

(색칠한 부분의 넓이)

= (㉮, ㉯, ㉰, ㉭를 모은 직사각형의 넓이)

$= (16-3) \times (12-3) = 117 (\text{cm}^2)$

DAY 50

125쪽
126쪽

1 (1) 18 cm   (2) 44 cm   (3) 46 cm

2 (1) 52 cm²   (2) 45 cm²   (3) 60 cm²

3 (1) 28 cm, 49 cm²   (2) 32 cm, 48 cm²

    (3) 54 cm, 168 cm²

4 (1) 9   (2) 15

5 85 m²

6 50 cm

7 48 cm, 24 cm²

---

4 (1) □ $= 108 \div 12 = 9$

    (2) □ $\times 8 = 60 \times 2 = 120$, □ $= 120 \div 8 = 15$

5 (사다리꼴 모양의 포도밭의 넓이) $= (11+6) \times 10 \div 2 = 85 (\text{m}^2)$

6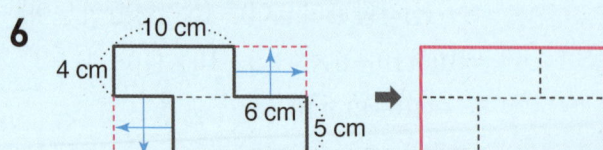

(도형의 둘레)

= (직사각형의 둘레)

$= (10+6+4+5) \times 2 = 50 (\text{cm})$

7 (색칠한 부분의 둘레) = (직사각형의 둘레) + (마름모의 둘레) $= (8+6) \times 2 + 5 \times 4 = 48 (\text{cm})$

   (색칠한 부분의 넓이) = (직사각형의 넓이) − (마름모의 넓이) $= 8 \times 6 - 8 \times 6 \div 2 = 24 (\text{cm}^2)$

기적의 학습서

" 오늘도 한 뼘 자랐습니다. "

기적의 학습서, 제대로 경험하고 싶다면?
학습단에 참여하세요!

꾸준한 학습!

풀다 만 문제집만 수두룩? 기적의 학습서는 스케줄 관리를 통해 꾸준한 학습을 가능케 합니다.

푸짐한 선물!

학습단에 참여하여 꾸준히 공부만 해도 상품권, 기프티콘 등 칭찬 선물이 쏟아집니다.

알찬 학습 팁!

엄마표 학습의 고수가 알려주는 학습 팁과 노하우로 나날이 발전된 홈스쿨링이 가능합니다.

길벗스쿨 공식 카페 〈기적의 공부방〉에서 확인하세요.
http://cafe.naver.com/gilbutschool